東京飛ばしの地方創生

山崎 朗
久保隆行 共著

事例で読み解くグローバル戦略

Global Strategy

時事通信社

まえがき——なぜ今、地方はグローバル化を目指すべきなのか

本書で読者の皆さんにお伝えしたいことは１つだけです。人口減少時代において、地方がまずやるべき地方創生は、グローバル化への適応だということです。

日本の人口は、２００８年から減少しているとされています。２０１５年の国勢調査においても、２０１０年比で94万7千人の人口減少が確認されました。日本の人口減少は、１９２０年の国勢調査開始以降初めてのことです。

国立社会保障人口問題研究所（社人研）は、大量の移民を受け入れないとすれば、日本の人口は２０６０年に８６７４万人、２１１０年には４２８６万人になると予測しています。２０１０年の人口１億２８０６万人と比較すると、２０６０年には４１３２万人（32％）の減少です。日本政府は、２０６０年の人口を１億１９４万人に、という野心的なＫＰＩ（Key Performance Indicator：重要業績評価指標）を設定しました。このＫＰＩの実現は、とても難しいと思います。仮に２０６０年に１億人を維持できたとしても、それでも２０１

0年の人口から2806万人（22％）の減少です。
日本政府の願望的KPIを達成できたとしても、社人研の推計に近い結果になったとしても、いずれにせよ2010年から2060年の50年間に、2800万人〜4100万人の人口減少は避けられないことになります。

人口が少なく人口密度の低い小都市、農山漁村ほど、人口減少率は高くなります。人口が減少しても、豊かな地域社会（質の高い多様なサービス供給）を維持するための戦略の立案と実行が急務です。すなわち、標高が高く、平地が少なく、積雪が多く、集落の中心や都市から離れ、アクセスに時間のかかる低密度居住地区からの撤退や、都市や農村のコンパクト化、公共施設等の機能の集約は避けられません。しかし、これらは、人口減少に対する受身的な対応策です。

安全安心で豊かな地域社会の実現、子供を産み育てやすい地域の創出、男女を問わず家族を養える所得を得られる高度な職業（ジョセフ・E・スティグリッツ氏が重要視する中間層向けの仕事）の創出、そして働き甲斐があり、国際競争力の高い地域企業や産業の育成、政府の移転所得（補助金や地方交付税）に依存しない自立的な活力ある地域経済への移行。これらを地方創生の目標にすべきです。

本書で詳しく説明しますが、これらの目標を達成するための戦略、別の言い方をすると、地方創生のメインエンジンは、グローバル戦略とイノベーション戦略です。注目を集めている6次産業化、地産地消、都会の高齢者の地方移住、半農半X、バイオマス発電などは、地方創生の補助エンジンです。補助エンジンだけではなく、メインエンジンを組み立て、稼動させ、地域経済というロケットを打ち上げなければなりません。

本書では、地方創生のメインエンジンの一つである、グローバル戦略について取り上げました。私たちはすでに、『インバウンド地方創生』（ディスカヴァー・トゥエンティワン／電子書籍）を2015年12月に出版しています。しかし、インバウンドは、グローバル戦略の一構成要素にすぎません。グローバル戦略には、インバウンドはもちろんのこと、農林水産物や伝統工芸品の輸出、あるいはエネルギーや農林水産物の輸入代替、国際会議、国際スポーツ大会、外資系企業、留学生、高度外国人人材の誘致と活用、地場企業の海外進出や外国企業との技術提携、地域住民の語学力向上、多言語社会への移行、自治体の公益事業の海外展開や市民等の国際交流などが含まれます。

確かに、グローバル化は東京にお任せ、という時代もありました。しかし、いまやグローバル化は、国際金融機能や巨大多国籍企業の世界管理機能に関わるテーマに限られてはいません。地方に建設された空港・港湾ネットワークの多様化・低コスト化とインターネットの普及、貿易の自由化、インバウンドの急増は、地方にとってグローバル化をきわめて身近なものにしています。地方のうどん店やラーメン店ですら、海外進出するようになりました。病院、美容院、ネイルサロン、レストラン、学校のような対消費者サービス業も、外国人向けの多国籍対応が求められています。

日本の地方都市のなかでグローバル化に成功しつつある都市は、福岡です。国土の西の末端に位置し、東京から約1000㎞離れ、政令指定都市のなかで2番目に東京から遠いという地理的不利性は、東アジアの諸国・地域に近いという優位性と表裏一体です。

日本の北の端に位置しているのは、北海道で、その中心都市が札幌です。北海道に近い外国の人口が少ないという地理的不利性もありますが、新千歳空港の国際エアカーゴ構想を打ち出したのは、1988年でした。福岡のアジア戦略策定時期とほぼ同じです。国際航空貨物は、想定のようには集まりませんでした。その代わりに、北海道は、地方で最もインバウンドを集める地域になっています。倶知安やニセコのように、在留外国人や外国人観光客の増えている町も生まれています。

東京から最も離れた南の末端、それが沖縄県です。その沖縄県で展開されているのが、ANAの沖縄貨物ハブ事業です。沖縄県内で発生する貨物量が少なく、沖縄経済への波及効果が小さいという批判もあります。ですが、そのような観点だけから捉えるべきではありません。那覇空港が、北陸、東北、北海道、四国、九州の農林水産物輸出の国際中継基地としての役割を果たすようになった点を評価すべきです。那覇空港が日本各地の地方のグローバル化を手助けしてくれているのです。24時間運用可能な、複数滑走路を有する那覇空港（現在2本目を建設中）は、今後、航空機の整備拠点、アジアへの部品、部材、装置のストックヤードという機能を付加するようになるにちがいありません。

本書では、東京から離れた国土の末端地域に位置している3地域に焦点を当てましたが、グローバル化は、国境地域だけに限定された課題ではありません。あらゆる地域で取り組まなければならない問題です。

「グローバル地方創生」の戦略は多様である、ということを理解するという意味において、3地域のケースは、日本各地のヒントになると思います。これから詳しく解説いたしますが、「グローバル地方創生」の答えは一つではありませんし、模範解答が用意されているわけでもありません。

なお、本文中の「筆者」は山崎を指しています。

福岡市役所、九州経済調査協会、福岡アジア都市研究所、静岡県庁、北海道庁、北海道開発局、北海道下川町役場、京都市役所、滋賀県東近江市役所、日本政策投資銀行札幌支店、沖縄県庁、ANA、ANA総研、ヤマトホールディングス、アクサ生命、旭酒造、日本産業プロジェクト協議会の多くの方々には、貴重なご意見や資料、データ、写真をいただきました。ありがとうございました。

筆者が参加した国、地方自治体、経済団体の審議会、委員会は、さまざまな考えや意見を知る貴重な機会となりました。この場を借りて感謝いたします。

出版事情が厳しいなかで、本書の出版にご尽力いただいた時事通信出版局の永田一周氏にお礼申し上げます。

山﨑朗・久保隆行

目次

目次

第6章　沖縄のグローバリゼーション

装幀：鈴木　美里

第1章

地方がグローバル化しなくてはいけない理由

不安をあおる消滅論

政府による、「まち・ひと・しごと創生本部」の設置（２０１４年９月）、「まち・ひと・しごと創生法」（２０１４年11月）の成立もあり、地方創生に関する議論や政策は、百家争鳴状態にあります。

この論争に火をつけたのは、月刊誌『中央公論』２０１３年12月号の特集「壊死する地方都市」、日本生産性本部が２０１１年に設置した日本創成会議（議長・増田寛也氏）による、消滅可能性都市８９６自治体の発表（２０１４年）、および増田寛也［２０１４］『地方消滅―東京一極集中が招く人口急減―』（中央公論新社）であることはまちがいありません。

それらに対する反論として位置づけられる、里山資本主義、里山産業論、地産地消、地域内再投資、６次産業化、半農半X、地方移住、田園回帰、ローカル志向というキーワードに基づく主張も、多くの著作として出版されており、また、さまざまな雑誌や新聞の特集記事としても取り上げられています。

80歳以上は再移動する

では、日本の地方都市、農山漁村が**長期的観点から対応**しなければならない戦略は、現在大流行している地産地消、6次産業化、半農半X、地方移住、田園回帰、ローカル志向なのでしょうか。あるいは、都会の高齢者を地方で受け入れる**日本版CCRC**（Continuing Care Retirement Community：継続介護付きリタイアメント・コミュニティ）なのでしょうか。

1986年に通商産業省サービス産業室が、日本の高齢者を海外に送り出す「シルバーコロンビア計画92」を提唱したときには、国内外から「老人の輸出」として大きな批判を浴びました。92は、目標年次の1992年を指しています。コロンブスのアメリカ大陸発見500年が1992年ということで、「コロンビア」というワードが使用されました。

伊達市は、北海道の太平洋側にあり、北海道のなかでは降雪量が少なく、晴天の日が多いことで有名です。その地理的特性を活かし、伊達市は、2004年に地域再生計画に認定された先駆的な地方版ＣＣＲＣ戦略（「伊達ウェルシーランド構想」）を実施し、6年間で約１０００人の人口を増加させ、「人口減少時代の勝ち組」と呼ばれてきました。しかし、伊達市の人口は、２０１４年に前年比３９１人の人口減（このうち社会減は91人）になっています。

地方都市において、長期的に社会増を続けることは容易ではありません。まず、地方都市では、医療機関、介護施設などにおいて、高齢者の受入能力に限界があります。しかも高齢者の受入は、いずれ人口自然減の増加に結びつきます。また、**80歳以上の後期高齢者やパートナーに先立たれた高齢者は、大病院やリハビリ施設の充実した都市、あるいは以前住んでいた地域や家族の住む地域に再移動する傾向があり、その結果、後期高齢者の人口流出につながります。**

55歳以上の高齢者の転入超過が目立っている九州地方ですが、80歳から84歳、85歳から89歳、90歳以上の高齢者は、すべて転出超過になっています（「進むリタイア層の還流現象」『九州経済調査月報』２０１５年7月号、15頁）。北海道も状況は同じです。日本総合研究所の藤波匠氏は、60歳以上の高齢者は、関東地方で転入超過になっていると指摘しています（藤波匠［２０１６］『人口減が地方を強くする』日本経済新聞社、34頁）。藤波氏はさらに、福祉関連の仕事が増加しても、若者の地元定着につながらない点も指摘しています。

日本版ＣＣＲＣを検討している東京都豊島区が、２０１５年秋に実施した住民意向調査によると、「地方に移住したい」と答えた住民は33％でした。豊島区が構想している埼玉県秩父市との共同ＣＣＲＣについては、秩父市へ移住したいという回答は、「地方移住希望者」のなかの21％にとどまりました。区民５０００人を対象として１８１７人の回答でしたので、地方移住希望者や秩父市への移住希望者はかなり少ないように思われます。

杉並区の静岡県・南伊豆町への「お試し移住」事業は、80名予定の説明会に２００名の参加があり、中高年層向けのアンケートでは移住に関心を持つ人が4割いたようですが、移住先の南伊豆という温暖な気候と、２泊～30泊という短期型滞在コースがあることも人気の背景にあると思われます。

２０１６年、日本版ＣＣＲＣを制度化するために、地域再生法改正案が国会に提出される予定です。

「奇跡の村」の失速

「奇跡の村」と呼ばれている長野県下條村は、１９９７年から開始した格安の村営住宅の提供によって、隣接する飯田市から若い家族層の獲得に成功したため（下條市役所のリストラや努力によって、村営住宅建設資金は捻出されているようです）、人口増、出生率増、出生数増となりました。下條村は、飯田市まで車で20分程度のところに位置しており、飯田都市圏に含まれています。

村営の集合住宅は、約60平米の２ＬＤＫに２台分の駐車場付きで、家賃は月３万４千円程度です。また、高校卒業まで医療費は無料です。

しかし、下條村の人口は、２００５年の４２１０人から２０１４年には４０１２人、２０１５年10月には３９４８人と減少し始めています。そもそも、母都市である飯田市の人口が、２００５年から減少しているのです。

地域再生プランナーの久繁哲之介氏のいうように、飯田都市圏の他の周辺市町村も同様の政策を打ち出せば、若い人たちの誘致は難しくなります。また、子供たちが進学、就職時期に差し掛かると、それまでの人口増加要因は、人口減少要因に転化します（久繁哲之介［2016］『競わない地方創生 人口急減の真実』時事通信社、4頁）。

そして、このような母都市から子育て世代を誘致する競争は、北海道の旭川市周辺、岩手県の盛岡市周辺など、全国各地で行われています。東京都奥多摩町も、2016年4月に「若者定住化対策室」を設置しました。2019年度を目途に、家賃3万円程度の町営賃貸住宅を整備する予定です。所有者から寄付を受けた空き家も10棟程度用意するとしています。

地域の実情を検証する場合には、集落単位や市町村単位だけではなく、都市圏単位やブロック単位、あるいは逆に小規模なメッシュ単位など、多様な地域でみなければなりません。さらにいえば、政策評価の時間軸も問題です。短期的な成果だけでなく、長期的な観点からも評価すべきです。

1キロのメッシュでみる無人化

結論から申し上げると、地方都市や農山魚村だけでなく、大都市においても、地方創生の

第1戦略は、人口が極端に少なくなっているエリア（低密度居住地区）からの撤退だと思います。内閣府は、全国で買物弱者が700万人に達していると推計しています。今後、日本の人口が減少するなかで、買物弱者の数は増えていくでしょう。人口密度の低下に伴って、買物だけでなく、銀行・郵便局、病院、学校、福祉施設、ガソリンスタンドなどへのアクセス条件は、ますます悪化していきます。ご批判を受けるかもしれませんが、「豊かさ」は、「多様なサービスの享受可能性」にあると考えています。

地方消滅論のように、自治体単位で人口減少を議論すべきではありません。1㎞メッシュ単位（日本の国土を約37万個に均等に分割した面積単位です）でみた、低密度居住地区への移行や、低密度居住地区のさらなる人口減少、無人化が問題なのです。

推計方法に問題があるという指摘もありますが、国土交通省によると、2005年に居住者のいたメッシュのうち、2050年までに21・6％は「無居住地区」に、20・4％は75％以上、24・4％は50％〜75％人口が減少すると推計されています（国土審議会長期展望委員会中間とりまとめ）。

北海道では何と52・3％が、中国地方や四国地方では26・2％のメッシュが無居住化するとされています。**決して人口半減＝自治体消滅ではありません。問題となるのは、無居住地**

区となるメッシュ数の増加、および極端に人口密度が低くなる低密度居住地区となるメッシュ数の増加なのです。人口減少は、地域のサービス供給力に深刻な打撃を与えます。条件不利な低密度居住地区からの撤退は、市町村の人口が半減したとしても、生活やビジネスがしやすく、多様なサービスが供給可能な地域でい続けるための持続可能性戦略です。

東京都の自治体ですら、例外ではありません。移住促進策を打ち出した奥多摩町の人口は、2010年から2040年にかけて、58・6%減少すると推計されています。東京都檜原村は52・1%、東京都青梅市でも25・3%の人口減少が見込まれています。今後東京都の郊外では、過疎化が本格化します。空き家も空き店舗も耕作放棄地も増加します。無居住地区となるメッシュ数も増加していきます。2050年にかけて無人化する東京圏（1都3県）のメッシュ比率は、8・5%と予測されています。

過大な将来人口ビジョン

地域内のサービス水準や地域コミュニティを維持し、地域の豊かさを損なわないために、

長期的観点から、農山村や都市をコンパクト化することが求められています。

国立社会保障・人口問題研究所（社人研）の推計によると、新潟県の人口は、２０１０年の２３７万人から、２０４０年には１７９万人に、２０６０年には１３４万人に、２１００年には67万人になるとされています。２０１５年に新潟県がまとめた「人口ビジョン」は、２０６０年の人口目標値を２１４万人に設定しました。社人研の推計値よりも80万人多く、２０１０年人口よりも23万人少ない水準です。新潟経済同友会は、独自に２１００年に３００万人という目標を掲げています。

社人研による新潟県の２０１５年12月の推計人口は、２２９万人でした。対前年比で、１万８３８８人減少しています。人口ビジョンの基準年となった２０１０年と比較すると、すでに８万人の減少です。２０１４年の人口減少数は１万７３８７人でしたので、人口減少数と人口減少率は上昇傾向にあります。新潟県は、地方創生の総合戦略で目標となる人口（２０６０年に２１４万人）を設定していますが、人口自然減の動向からみて、２０２３年には２１４万人になるでしょう。

新潟県の人口社会減（人口流出超過数）は、２０１４年の５５１８人（全国６位）から、２０１５年には６７３５人（全国３位）へと増加傾向にあります。２０１６年の新潟県の商業地の地価は、秋田県、鹿児島県、島根県に次ぐ全国4位の下落率でした。

新潟県には新幹線の駅が7駅（全国1位）あり、高速道路総延長距離は、北海道に次ぐ全国2位、新潟港（国際拠点港湾）に加え、重要港湾が3港、地方港湾が6港、そして新潟空港が整備されています。インフラ整備においては、日本の地方のなかできわめて恵まれた県です。

インフラを地域のためだけに使用するのではなく、グローバルな交流や取引のためにもっと利用すべきです。

「新たな国土形成計画（全国計画）（平成27年8月14日閣議決定）」では、日本海側と太平洋側をつなぐネットワーク形成を通じて、日本海側と太平洋側の2面をフル活用し、世界との結びつきを強化するとしています。そのためにも、上越新幹線の新潟空港への乗り入れ（ようやく新潟県で検討が開始されました）を実現すべきです。新潟空港と新潟駅の直線距離は、約7㎞しかありません。大宮—新潟は「MAXとき」で、1時間40分程度です。直結すれば、埼玉県や群馬県の人たちが利用しやすい「首都圏日本海空港」として機能するはずです。新潟空港と上越新幹線の結合は、日本海側と太平洋側の2面フル活用策そのものです。

無駄な公共事業の代表格であった、茨城空港や静岡空港には国際便が就航し、今では日本や東京圏のグローバル化に貢献するインフラになりました。

日本海側と太平洋側の2面フル活用地域として、①新潟―東京は、②A若狭湾（福井・敦賀・舞鶴など）―伊勢湾（名古屋など）とB若狭湾―京都―大阪湾（大阪など）、③島根県（境港、松江）―広島県（尾道）―高知県、④山形県（酒田）―宮城県（仙台）、⑤福岡・北九州―宮崎・鹿児島と並んで、そのポテンシャルが高いと思われるエリアです。

航空アナリストの杉浦一機氏も上越新幹線の新潟空港への乗り入れの可能性と意義を主張されています（杉浦一機［2015］『進む航空と鉄道のコラボ』交通新聞社、241―246頁）。

2016年4月から、成田空港から新潟へのダイレクトアクセスというルートが登場しました。成田空港LCC＋高速バス＝新潟（＋5400円～）、金沢、富山（＋5900円～）です。このままでは、新潟や北陸の空港の国際線は、維持できなくなるかもしれません（国土交通省「Narita Air and Bus! 成田空港から観光地へダイレクトアクセス―高速バス、LCC等の利用促進に向けて」2016年3月16日）。

話を戻します。住民基本台帳調査によると、２０１４年の人口社会減で、北海道（８９４２人）に次ぐ全国ワースト2位（７２４０人）となり、その意外性から、大石格「地方創生静岡の謎」（『日本経済新聞』２０１５年3月8日朝刊）という記事まででた静岡県の総合戦略上の目標値は、２０６０年で３０５万人です。２０１０年の人口は、３７７万人でした。２０６０年の目標値は、社人研の推計値２３９万人を66万人上回る水準に設定されています。

静岡経済研究所の望月毅氏は、静岡県の２０１５年の人口は３６８万人で、２０１３年に公表された２０１５年の推計値をすでに１・２万人も下回っており、将来人口は、推計値よりもさらに大幅に下振れする可能性が高いと指摘しています（「静岡県の将来推計人口は大幅下振れ？」静銀経済研究所、２０１５年6月1日）。なお、２０１５年の静岡県の社会減は６２０６人で、北海道、兵庫県、新潟県、青森県に次ぐ全国5位でした。

さらに注目すべきは、法務省の統計によると、静岡県の在留外国人の減少数、減少率が全国1位になっている点です。静岡県の在留外国人数は、のちほど取り上げる福岡県よりも多い７万６０８１人（２０１５年）ですが、２０１０年比で９５０５人減少しています。工場で働いていた外国人が帰国したためだと思われます。この間、日本全体では、在留外国人数は18万４８４０人増加しています。

人口増加を目標としている地方自治体もあります。京丹後市の人口は、5万7699人(2014年11月)ですが、2060年の人口目標は7万5000人に設定されました。10年前の京丹後市の人口は、6万5622人(2004年11月)でしたので、この10年間で12%、7923人減少しました。京丹後市は、大学の研究対象となるほど100歳以上の高齢者が多い市として有名です。しかし、さすがにこの目標設定には、無理があります。

特別交付金を獲得するために、日本政府が設定した目標(2060年に1億人)に、都道府県や市町村も合わせざるをえなかったのでしょうが、自治体による過大な(実現困難な)人口ビジョンの策定は、今後人口減少によって引き起こされる地域のサービス水準の低下(買物難民、医療難民、福祉難民、教育難民、さらには、銀行、郵便局、ガソリンスタンドにアクセス困難なキャッシュ難民やガソリン難民の増加)やコミュニティの崩壊という問題に対する正しい認識はもちろんのこと、正しい戦略策定や対策を遅らせる逆効果になりかねません。

今求められているのは、人口減少に対応した新しい地域づくりです。地方創生の第1戦略は、人口減少下でも地域の豊かさ(医療、福祉、教育、商業、その他の多様な対消費者サービス）をできるだけ失わないための戦略（撤退、コンパクト化、小中学校、公共施設、水道事業等の統合再編・集約）です。

農業では地方は創生しない

1人当たりコメ消費量は、1963年の118・3kgから、2013年には56・9kgに減少しました。コメからパンやパスタ、肉への移行と、高齢化によるコメ消費量そのものの減少によるものです。

いうまでもなく、今後の人口減少、高齢化によって、小麦、ジャガイモ、野菜、果物、肉、ビール、日本酒、焼酎、バター、お菓子、アイスクリームの国内需要も、長期にわたり、ゆっくりと、しかし確実に減少し続けます。味の素、サントリー、アサヒビールなどの日本の食品・飲料メーカーや、味千ラーメン、吉野家、モスバーガーなどの外食チェーンがグローバル化を急ぐのは当然です。

FAO（国際連合食料農業機関）によると、日本の食品ロスは、年間680万t（日本のコメの収穫量が850万tです）と見積もられています。日本で食品ロスの削減が進めば、国内の食品需要はさらに減少します。2016年、フランスでは、大型スーパーの売れ残り食品の廃棄を禁止する法律が成立しました。

日本国民1人当たり摂取熱量は、1970年の2179kcalから、2011年には1788kcalにまで減少しました。酒類課税額は、1994年の2・1兆円をピークに、酒類課税数量は、1999年の1017万klをピークに、ほぼ一貫して減少し続けています。今後、人口減少、高齢化の進展によって、あらゆる農林水産物、食品の国内需要は、減少し続けます。

減少するのは、農林水産物や食品だけではありません。JEMA（日本電機工業会）によると、洗濯機や冷蔵庫などの白物家電は2年連続、テレビ、AV機器などの黒物家電は、5年連続の減少となりました。これは決して消費税増税の影響だけではありません。世帯数の増加に歯止めがかかってきたからです。

人口減少が世帯数減少に移行するまでには、タイムラグがあります。そのため、家電は、食品や自動車（自動車も家電ほどではありませんが、世帯数の影響を受けます）よりも遅れて人口減少の影響を受けるのです。自動車の国内販売台数のピークは、1990年の778万台でした。2014年は556万台、2015年は505万台でした。国内での売上が7

割を占めているダイハツが危機感を抱くのは当然です。現在ダイハツの海外工場は、インドネシアとマレーシアだけですが、今後は積極的に海外展開することになるでしょう。

日本の世帯数が減少に転じるのは、2019年と推計されています。宮城県を除く東北の県、香川県を除く四国の県は、すでに世帯数が減少しています。消費税前の駆け込み需要やエコポイント復活などの一時的需要拡大策や中国人観光客の爆買いによって、需要が増える年もあるかもしれませんが、国内の家電市場は、世帯数の減少にともなって2019年以降、急速に減少すると思われます。

日本から資源輸出といえば、読者のみなさんは意外に思われるかもしれません。国内の建設・土木工事の減少に苦しんでいるセメント企業は、アジア、オーストラリアへのセメント輸出によって生産と収益を維持しています。セメント協会によると、2016年度は3年連続の2桁の輸出増になると見込まれています（一般社団法人セメント協会「2016年度セメント需要見通し」2016年2月）。

地域需要や国内需要にだけ依存していたのでは、いずれ産業衰退と人口減少の負のスパイラルに陥ることになります。

農林水産省の「農林業センサス（速報値）」によると、２０１５年の農業就業人口は２０１０年比で２割減少し、２０９万人になり、平均年齢は66・３歳になったことが明らかになりました。64％は、65歳以上で、30歳以下はわずか７％です。とくに15歳から29歳の農業就業人口は２０１０年よりも２万６千人減少し、６万３千人になっています。世界で最も高齢化している農業人口だと思われます。

農業の大規模化が進展すれば、第1次産業就業者比率は、日本でも2030年頃に1％～2％台になる可能性があります。経済発展にともなって、第１次産業就業者比率が低下していくという経験法則を、ペティ＝クラークの法則といいます。

窪田新之助氏は、２０１７年から高齢の農業従事者の離農が加速するとみています。70歳以上になると、離農する農家が多いからです（窪田新之助［２０１５］『ＧＤＰ４％の日本農業は自動車産業を超える』講談社、24頁）。

就業者比率ではなく、ＧＤＰ構成比でみると、第１次産業の比率は、１９７０年の６・１％から１９９４年には２％になりました。２０１２年には、１・２％まで低下しています。

今後、産業間の労働生産性が均衡化すれば、第1次産業の就業者比率は、2030年以前に1％台になるでしょう。

政府は、無人農機具の開発に着手しました。2020年までに実現するとしています。ヤマハ発動機は、2018年に農薬散布用ドローンを発売すると発表しました。無人トラクターやドローン、コンピュータ＋ロボット管理の温室栽培などが実現し、農業の労働生産性が飛躍的に上昇すれば、第1次産業の就業者比率は、1％以下に低下するでしょう。

拡大する農業参入余地

新規就農者には、農林水産省の手厚い支援策があります。農業研修期間中に年間150万円を2年間受け取れます。認定新規就農者等に認定されると、さらに年間最大150万円を5年間受け取れます。それに加えて、県や市町村独自の支援策もあり、若い人たちの就農は近年増えています。農林水産省の「平成26年新規就農者調査」によると、農業への新規参入者は、2005年の1750人から、2014年の3660人に増加しています。

総務省が実施している「地域おこし協力隊」には、1人当たり上限年間400万円（隊員の給与としては標準で200万円、上限は250万円、任地で起業する場合は別途100万円を上限に上乗せ）が、集落の巡回や状況把握を行う集落支援人には、1人当たり上限年間350万円が特別交付税として支給されています。

2015年度には、約670の自治体に約2600人の「地域おこし協力隊」が派遣されています。日本政府は、2016年度末までに隊員数を3000人にするとしていましたが、2016年度には、3000人を上回ると見込まれています。

そもそも、地域おこしの仕事は、都会の若者に年収200万円でやらせる仕事ではなく、地方公務員や地域住民自らやるべき仕事なのではないでしょうか。私たちは、「地方創生は、補助金によって若者を呼び込むことではなく、住んでいる人々が、自ら変わっていくことにほかなりません」（藤波、前掲書、212頁）**という藤波氏の主張に完全に同意します。**

若い人たちが自主的に農山漁村に定住することに対して、反対しているのではありません。ただ、これまでみてきたような特定の職業、特定の地域への手厚い支援制度は、若い人たちの自由な職業選択・居住地選択を歪めているのではないかと思っています。1人親世帯で親が専門学校に入学し、通学している間、住民税非課税の世帯に厚生労働省が支給している生活補助費は、これまで2年間で240万円が上限でした。2016年4月から3年間で360万円が上限となります。地域おこし協力隊1人に対して支給されているのは、3年間で1200万円～1300万円です。

新規就農者増加の理由は、農林水産省、総務省、地方自治体の手厚すぎる支援策だけにあるのではありません。現時点では、高齢化による農業人口の減少率（5年間で約20％）＞日本の食糧消費量の減少率（50年間で約20％）となっているため、農業への新規参入余地は拡大しているのです。人口減少（食品、自動車の需要減少）→世帯数減少（家電の需要減少）までにタイムラグがあるのと似ています。

食糧消費量の減少率以上の速度で、廃業する農家が増え、農村からの人口流出が進んでいるため、空き家や耕作放棄地が増加し、低コストで農村に定住し、農地を格安で借りられるようになり、農業に新規参入できる余地が広がっているのです。

それと、2011年の福島の原発事故があり、2012年から2013年にかけて、放射線の影響を危惧した東北地方や関東地方の人たちが、主として西日本の地域に移住したという特殊要因もありました。**2011年～2013年は、原発事故の影響を受けたきわめて特**

殊な時期だったのです。２０１１年～２０１３年の統計をもとに議論するのは適切とはいえません。

２４０万円で欧米留学は無理

ＯＥＣＤによると、ＧＤＰに占める教育機関への公的支出の比率は、日本がスロバキアと並び、比較可能な加盟国32カ国中、最下位でした（２０１２年）。日本学生支援機構の奨学金の返済者の約半数は、年収３００万円以下で、２０１４年度末時点での未返済者は32・8万人に上っています。奨学金の返済は、結婚にもマイナスの影響が出ていると指摘されています。１０００万円以上奨学金を借りている人も２・９％いるそうです。

ようやく、返済額や返済比率の上限を定めた「所得連動返還奨学金」ができるようです。また、給付型奨学金の検討も開始されるようです。利子つき奨学金は、貸付金であり、本来の趣旨からすれば、「奨学金」と名づける性格のものではありません。もちろん、貸付金と奨学金には大きな違いがあります。それは、奨学金は、所得の低い世帯の学生ほど、より多く借りられるという点です。

ソニー生命保険によると、1人目の子供の将来に対する不安1位は、「教育資金」でした。出生率の引き上げのためにやるべきことは明白です。保育所設置ばかりに注目が集まっていますが、出生率を回復させるためには、教育への政府支出を増加させなければならないということです。経済財政諮問会議の民間議員提案にあるように、学校給食の無償化にも取り組むべきです。日本では、子育て世代の貧困化が目立っているからです。

アメリカのスタンフォード大学の授業料は、年間4万5729ドルです。スタンフォード大学は、年間世帯収入が12万ドル（2016年5月26日の為替レートで約1320万円）以下の学部生の授業料を無料化しています。スタンフォード大学は、さらにナイキ創業者のフィル・ナイト氏らからの寄付金7・5億ドルをもとに、世界中から毎年100人の大学院への留学生を誘致すると発表しました。3年間の授業料と生活費までもが無料です。シンガポール大学でも、留学生向けの授業料の無料化や生活費の支援が充実しているようです。

日本でも三菱日立パワーシステムズは、日立製作所が1970年に設立した3年制の日立工業専修学校（茨城県日立市）の学費、寮費を3年間、1人当たり約1000万円負担することを決定しています。入学時に同社への入社も約束されています。

大阪維新の会は、大学までの教育費の無償化を憲法改正に盛り込みたいようです。実現には、かなり高いハードルがあると思われます。財務省は、国立大学の授業料の引き上げを主張していますし、文部科学省は、現在約54万円の授業料が、2031年には93万円になると試算しています。

まさに「若者に（ますます）冷たい社会」です。国立大学の授業料が幼稚園よりも安いといわれた、年間6千円や1万2千円だった頃の高齢者や団塊の世代は、今の大学の授業料の高さを十分認識していないのではないでしょうか。自民党や公明党も給付型奨学金を提言していますが、その障害となっているのは、高卒の人との「公平性」だそうです。それをいうなら、高校の授業料無償化は、中卒の人との「公平性」を欠いています。

高等教育の無償化や給付型奨学金の提案が出てくる背景には、出生率の引き上げの観点からだけでなく、OECDの平均大学進学率62％よりも低い日本の大学進学率51％が、産業構造の高度化やGDP引き上げの制約条件になっている、という認識が高まってきた証左でもあるといえます。韓国の大学進学率は、日本よりも高い72％です（2010年）。日本の1人当たりGDPは、2014年に世界27位まで落ちています。1人当たりGDPの順位低下と、大学進学率の低さとは関連があるように思います。シンガポールは9位、香港は25位です。道理で、日本の高価な農林水産物や食品がシンガポールや香港で売れるわけです。

全国一高い東京都の大学進学率は、韓国とほぼ同じ72・8%で、OECD平均を大きく上回っています。最低の鹿児島県は、35・1%にすぎません。**大学進学率は、最も大きな地域間格差となっています。2030年よりも早い時期に達成するとしている出生率1・80の政府目標を実現し、かつ地方創生にも貢献する政策は、地方交付税の増額ではなく、高等教育への公的支出の増額です。**

日本財団は、子供の貧困率が高くなっており、高校進学率や高校中退率を全国平均にまで高められれば、地方のGRP（域内総生産）を増加できるとしています。沖縄県では1・29%、高知県では0・97%、北海道では0・83%増加すると試算しています。

中卒の貧困率や生活保護受給率は、高卒、大卒よりも高くなっています。高等教育への公的支出の増額は、大学進学率が低く、高校中退率の高い地方に対する、地方創生政策そのものです。

内閣府が2016年2月に実施した「教育・生涯学習に関する世論調査」によると、グローバル人材育成に関し、「子供や若者に海外留学させた方がよい」という回答は84・2%もありました。

海外留学する日本人は、２００４年の8万２９４５人から２０１１年には5万７５０１人にまで減少しました。危機感を抱いた文部科学省が企業からの寄付を財源として始めたのが、官民共同の留学支援制度「トビタテ！　留学ＪＡＰＡＮ　日本代表プログラム」です。このプログラムでは、年間１０００人を募集していますが、合格者は８４１人と定員割れの状況にあります。地域おこし協力隊は、３０００人です。

渡航先に応じて毎月10万円から20万円、学費は最大60万円、渡航費は最大20万で、２年間で最高５６０万円（返済義務なし）です。地域おこし協力隊には、隊員１人当たり3年間で１２００万円以上国費が投入されています。

留学先は、東欧、アフリカ、アジアに広がってきています。このこと自体は、多言語社会、多文化社会のためにとても素晴らしいと思いますが、円安の今、学費60万円と年間２４０万円の生活費では、欧米先進国に留学することは難しくなっています。

文部科学省が２０１６年3月31日に発表したデータによると、推計方法が変わったため、比較はできなくなっていますが、２０１３年に海外に留学した日本人は5万５３５０人で、前年比４７８８人減少しています。２０２０年に、海外留学者数を12万人にするという政府のＫＰＩは、とても実現できそうにはありません。

ご当地カレー2000種の意味

地方において、地産地消を促進しても、その効果は長期的には見込めません。さきほどご説明したように、人口減少、高齢化によって地域内の需要は縮小していくからです。

『プレミアの法則』(同文館出版)の著者である名城大学教授の大﨑孝徳氏は、日本の消費者はもともとタフな消費者だったのに、そのタフな消費者にインターネットという武器まで与えてしまったがゆえに、「従来の購買圏は地理的に大きく制限されていましたが(通常は市内レベル、広くても都道府県レベル)、現在では北海道から沖縄まで、場合によってはアメリカやヨーロッパなど世界全域に広がっています」(大﨑孝徳［2016］『すごい差別化戦略』日本実業出版社、4頁)、と論じています。

インターネットという武器を手に入れたのは、日本の消費者だけではありません。商圏を地域に限定せずに、グローバルに拡大する時代になったのです。

地産地消運動は、地方活性化のために始まった運動です。地産地消によって、農林水産物の移動距離（フードマイレージ）は、短くなり、環境にも優しいとされています。しかし、フードマイレージの縮小目的で、大都市圏内でも地産地消が活発に行われるようになると、地方の農作物は、大都市圏では売れなくなってしまうという矛盾をもたらします。次節で論じるように、地産地消は大都市圏の農家によって有効な戦略ですし、大都市圏は、大農業圏なのです。

農林水産業の生産から加工・販売まで手がける「6次産業化」ブームによって、全国各地で似たような商品が続々と製品化されています。補助金をもとに始められた6次産業化事業の多くは、**過当競争**と国内需要減少によって、いずれ「撤退」を余儀なくされるでしょう。

森山裕・農林水産大臣は、「六次産業化・地産地消法」に基づく総合化事業計画は全国で2000件以上認定され、1事業当たりの平均売上高は、着実に伸びていると主張されています（『日本経済新聞』2016年1月25日朝刊）。すでに指摘したように、国内の食品需要は減少しています。つまり、補助金によって競争力を得た6次産業化産品が、補助金を受けていない伝統的な地場産品の需要を奪っている可能性があります。

地方の6次産業化産品が、東京のデパ地下の食品売り場で販売され、一時的に売上を伸ばすと、マスコミはこぞって取り上げます。しかし、そのとき、それまで販売されていたある商品は、食品売り場の棚から撤去されているのです。ゼロサムゲームです。

全国的には、デパートの閉店が相次いでいます。デパ地下の食品売り場面積は、年々狭くなっています。正確にいえば、6次産業化は、マイナスサムの激烈な競争になっています。

カレー総合研究所所長の井上岳久氏は、『地産地消』2010年6月号のなかで、2002年時点で50種類程度だったご当地カレーが、2010年には2000種類になったのではないかと指摘しています。もはや消費者は、ご当地カレーを地方の特産品とは認識できなくなっています。

スローフードを目指しているイタリアの村で、このような地場特産カレーのような産品開発（6次産業化）競争はありえません。

もはや、各地で開始された6次産業化事業の傷が深くならないことを祈るしかありません。

地産地消は東京圏でこそ有効だ

東京圏では、人口がまだ増加しています。また、高額所得者も多いために、地元産の新鮮でも価格の高い野菜（江戸東京野菜）・肉（TOKYO X）・魚（シャコや蛤等）・果物（パッションフルーツ、ブルーベリー等）、銀座、自由が丘、多摩で生産された蜂蜜なども、購入できます。東京都のパッションフルーツの収穫量は、全国3位、ブルーベリーは、全国4位です。地元産の食材を使おうという意識の高いシェフやレストランも多く、地産地消は、大都市圏の小規模農家にとってきわめて有効な戦略です。

群馬県のファームドゥは、埼玉県、東京都、横浜市で「地産マルシェ」店を14店舗、また、群馬県内を中心に、千葉県、横浜市、山形県、埼玉県などに「食の駅」を14店舗展開しています。農業などへのＩＴ技術の導入に対して、ファームドゥは、日立システムズと連携しています。

毎週末、東京・青山の国連大学前の広場では、ファーマーズマーケットが開かれるようになっています。練馬区は、区内の果樹園を「練馬果樹あるファーム」として認定し、２０１６年度以降、鉄道駅周辺でマルシェを定期開催する計画です。

イタリアレストランやフレンチレストランの要望にこたえて、ヨーロッパ野菜を栽培する東京圏の農家も増えています。「さいたまヨーロッパ野菜研究会」は、若手個人農家10人程度で２０１６年4月に、ヨーロッパ野菜の農事組合法人を設立すると発表しました。すでに東京圏のイタリアレストラン1000軒と取引しているとのことです。

また、平塚製菓（埼玉県草加市）による、東京カカオを使ったメード・イン・トウキョウのチョコレート製造に向けた動きも始まっています。2018年から販売を開始する予定です。東京カカオといっても、小笠原諸島（もちろん東京都です）でのカカオ栽培ですが。

現在は新たな応募は停止しているようですが、東京都は、「とうきょう特産食材使用店登録制度」を制度化しています。

23区唯一の蔵元である小山酒造（北区）は、「東京盛」を約40年ぶりに復活します。「東京盛」は、大正時代から生産されていたのですが、東京の環境悪化に伴ってブランドイメージが悪化し、40年前に生産は中止されていました。東京五輪に向けて、生産と販売を再開することになりました。東京のイメージがこの40年間で大きく変化したことを物語っています。

都内初のワイナリーである東京ワイナリー（練馬区）は、長野産、青森産のブドウに地元のブドウを加え、ワインを醸造します。東京のご当地缶チューハイ、タワービールや多摩地区の蔵元による「東京銘醸倶楽部」という日本酒などもあります。

小田急電鉄と神奈川中央交通は、ベンチャー企業の銀座農園と組んで、神奈川県相模原市でミニトマトの生産を始めます。小田急は小田急OXというスーパーを26店舗展開していますので、販売網もあります。イオンのグループ会社であるイオンリカーは、埼玉県のイオン羽生農場で栽培する「ご当地酒米さけ武蔵」を原料とした、「宝寿さけ武蔵純米大吟醸」、「天吹さけ武蔵純米大吟醸」という日本酒をイオンの店舗などで販売します。醸造は、広島県の蔵元に委託するようです。

ＪＲ東日本は、江戸川区で小松菜を栽培している真利子農園、浅岡農園と老舗洋菓子店のコロンバンと組んで「小松菜クッキー」を製造し、東京駅内のお土産店や東京圏のコンビニ店25カ所で販売することになりました。小松菜を粉末にする工程は、江戸川区の島村商店が担当します。

ここで挙げたような、第3次産業から第2次産業や第1次産業への商品開発の提案（「逆6次産業化」）も、東京圏では容易です。実力のある流通業、製造業の企業が多いからです。

東京都内での太陽光発電による電力の地産地消も始まっています。新電力ベンチャー企業の「みんなの電力」は、世田谷区で電力の地産地消事業を始める予定です。都心のビルの屋上を利用した太陽光発電は、今後増加していくと思われます。

また、世田谷区は、地元産間伐材を使用したウッドビレッジ川場（群馬県川場村）のバイオマス発電を区民が購入するための支援を始めます。
練馬区、世田谷区、町田市、八王子などでは市民農園も盛んです。さらに近年は、プロの指導のついた「体験農園」も増えてきています。農業版ビジネススクールです。

つい忘れがちですが、東京圏は一大農業地帯なのです。1都3県の農業生産額は、北海道に次いで全国2位になります。関東地方（工業統計表の関東臨海＋関東内陸：山梨県と長野県を含みます）にまで広げると、全国1位です。面積では、北海道＞関東です。しかも関東地方の農業生産額の対全国比は、年々高まっています。2012年には、22・8％を占めるまでになりました。2014年は、23・0％に上昇しています。

改めて算出してみて驚いたのですが、シェアを低下させてきた製造品出荷額等のシェア28・8％（2014年）に近づいてきているのです。2008年と2012年の比較では、東北、四国、九州の農業生産額シェアは低下し、北海道、関東、関西（2府4県）のシェアが上昇しています。

田園回帰ではなく都心回帰

東京の都心部から、一部の地方の農山村や離島、千葉県の房総半島や茨城県、栃木県、山梨県、長野県などに移住する（あるいは2地域居住する）という動きがみられます。また、島根県の一部の町村での人口社会増にも注目が集まりました。これらの現象は、「**田園回帰**」と呼ばれるようになっています。

しかし、「田園回帰」は、過大評価されているように思います。新規就農は、もともと国や自治体の補助金や就農支援策、地域おこし協力隊事業等でかさ上げされています。田園回帰は、地方からの人口流出（人口の社会減）、地方の人口減少（人口の自然減）、農家の廃業という潮流のなかで生じている（それらの潮流を基盤としている）、弱い逆流現象だからです。

大都市から離島へ、という人の流れもないわけではありません。しかし、人口社会増となっているのは、北海道の奥尻島、島根県の中ノ島（隠岐郡海士町）、沖縄県の竹富島など、ごく一部の離島だけです（２０１４年）。

東京圏からの移住者が増え、マスコミの注目を浴びている海士町は、確かに人口社会増です。２０１５年には13人の社会増でした。離島にもかかわらず、２０１２年以降、継続して社会増となっている点は、特筆すべきことです。しかし、隠岐諸島全体（隠岐郡）でみれば、社会減が続いています。２０１５年は、66人の社会減でした。

日本経済新聞が「人が人を呼び起業の連鎖：山口・周防大島の移住者誘致」という記事（２０１６年2月1日朝刊）で取り上げた山口県の周防大島も、人口社会増となったのは、原発事故の影響を強く受けた２０１２年と２０１３年だけでした。２０１４年以降、再び人口の社会減になりました。

中国山地の町に、Ｉターンする人が増えているようです。しかし、「田園回帰」のイメージとは、やや異なります。島根県邑南町定住支援コーディネーターは、本人を含め、Ｉターンのきっかけは、高速道路であると述べています。浜田市や広島市まで、浜田道路を利用して1時間以内で行けるため、Ｉターンの人たちは、邑南町のことを、都会に近い田舎「トカイナカ」と呼んでいるとのことです。

邑南町は、２０１５年に、９人ですが社会増となっています。邑南町の田園風景や自然環

境だけでなく、広島市へのアクセスの良さも、移住者に評価されているように思います。

実は東京都の人口は、1977年から1981年の5年間連続で、1992年を除く1989年から1996年の7年間減少しました。しかし、1997年以降、リーマンショックや東日本大震災が発生した年も含めて、一貫して東京都の人口は増加しています。2013年以降は、都心回帰が加速しています。

ローマ・クラブ［1972］『成長の限界』や、シューマッハ［1973］『スモールイズビューティフル』（出版年は原著）を思想的背景とし、**「地方の時代」といわれた1970年代は、地方への人口移動が統計上にも明確に現れていました。3大都市圏の人口は、1976年、戦後初めて社会減になったのです。**

東京都の社会増は、4年連続で増加しています。2015年は、11万9357人の転入超過でした。とくに、山手線の内部や都心3区への都心回帰が増えています。2015年2月26日に東京都が公表した、2015年10月1日時点の国勢調査速報によると、人口増加率1位は、千代田区の28・3％、港区が2位で18・7％、3位が中央区で14・9％でした。

東京都内の公示地価（2015年1月1日）をみても、東京都の地価は、全用途平均で前年比1・9％上昇しましたが、中央区は7・2％、千代田区は5・7％、港区は5・6％も上昇しました。

地価や人口移動の動態をみるかぎり、現在主として進行しているのは、都心回帰であって、田園回帰ではありません。

地方もオープン＆クローズ戦略が必要

［2003］『日本の産業クラスター戦略』（有斐閣）の共著者である、RIETI（産業研究所）所長の藤田昌久氏も、「O（Open：世界に開く）、D（Diversity：多様性の促進）、S（Smart Shrinking and Sharing：「賢い集約」のもとにおける連携）の3つの視点からの長期戦略」（RIETI「グローバル化のもとでの地域経済の発展―『空洞化』を超えて」（第7回RIETIハイライトセミナー／2014年2月3日）が重要だと主張されています。

私たちは、藤田氏の主張する**ODS戦略**に賛同します。私たちの考えは、ODS戦略に地域イノベーション（Innovation）や産業クラスター（Cluster）戦略を含めた**ODSI（ま**

たはODSC）戦略です。グローバルと思われている科学も、実はローカルなものです（デイヴィッド・リビングストン［２０１５］『科学の地理学―場所が問題になるとき―』法政大学出版局）。地方といえども先進国日本の一部です。地方においても、イノベーションへのチャレンジは不可欠です。

オープン&クローズ戦略としては、インテルやアップルの戦略が有名です。バブル崩壊以降の日本企業の国際競争力低下の背景には、グローバル戦略とオープン戦略の遅れがありま す（田口芳昭［２０１５］『なぜ日本企業は真のグローバル化ができないのか』東洋経済新報社）。

早稲田大学ビジネススクール准教授の入山章栄氏は、「真に『グローバル』な企業は、日本には3社しかない」といっています（入山章栄［２０１５］『ビジネススクールでは学べない世界最先端の経営学』日経ＢＰ社、１５４頁）。3社とはどこなのか、気になりますね。最終章で再度このテーマを取り上げますので、それまでしばらく我慢してください。

小さな世界都市・グローバルビレッジ・小さな世界企業

一言でいえば、地方都市は小さな世界都市に、農村はグローバルビレッジに、地場企業は小さな世界企業にならなければならないのです。

東京大学教授で国土審議会計画部会委員の岡部明子氏は、「どんな〈小さな拠点〉であっても、グローバルに〈対流〉のダイナミズムを引き寄せれば、大都市ではありえない未曾有のイノベーションが起こる可能性はある。グラノベッターのいう『弱い紐帯』の強さに通じる。**『ローカルこそグローバル』である。ただ、チャンスはわずかだ。それにかける強い意志と覚悟はあるのか**」（岡部明子「ローカルこそグローバル、人口減少こそイノベーション」『人と国土21』2015年11月号、38頁）と問題を投げかけています。グラノベッターは、アメリカの社会学者でネットワーク論を研究しています。翻訳本が2冊出ています。

3大都市圏、とくに首都圏にグローバル機能を依存してきた地方は、自らその機能を創出しなければなりません。全国各地に港湾、空港が整備されました。そしてインターネットという、新しいグローバル・デジタル情報ツールが誕生したのですから、地方のグローバル化は、できない相談ではありません。

地場中小企業研究の第一人者である明星大学教授の関満博氏も、中小企業は、「小さな世界企業」を目指すべきだと主張しています（関満博「中小製造業存続の条件：『小さな世界企業』を目指せ」『日本経済新聞』２０１６年2月19日朝刊）。

ドイツの経営学者ヘルマン・ジモン氏も、「中小企業は世界をめざせ」と論じています。氏によると、ドイツには世界シェア3位内に入る中小企業である「隠れたチャンピオン」が１３００社あるのに対して、日本経済の規模がドイツの１・５倍であるにもかかわらず、「隠れたチャンピオン」の定義に該当する企業が２２０社しかない日本の現状を憂えています。

大企業依存型の日本と異なり、ドイツの輸出額の7割近くは、従業員数2千人以下の企業によるものだそうです。日本の中小企業は、「自ら販路を世界に広げ顧客と向き合う機会が少ない」（ヘルマン・ジモン「中小企業は世界をめざせ」『日本経済新聞』２０１６年3月14

日朝刊）のです。

経済産業省も世界市場でのシェアが高く、輸出志向の強い中小・中堅企業、「グローバルニッチトップ（ＧＮＴ）に注目し始めています。経済産業省は、２０１４年にＧＮＴ１００社を選定しています。また、ドイツの制度をモデルとして、２０１６年度から地方の中小企業の海外展開を支援する協議会を設置し、グローバルコーディネーターによる海外市場の開拓支援を行う予定です。

東京都立産業技術研究センターは、２０１７年頃にドイツのデュッセルドルフを候補地として、拠点を設置する方針を明らかにしました。同センターは、すでにタイのバンコクに拠点を設けています。日本の中小企業によるＥＵの市場への参入には、ＲｏＨＳ指令、REACH、ＥｒＰ指令、ＰＦＯＳ規制など、ヨーロッパ独自の厳しい環境規制、物質規制があり、参入障壁となっています。

日本の製造業の中小企業の多くは、大企業の下請けとして、部品を生産してきました。そのため、独自の自主製品を製造・販売してきませんでした。とくに、地方の中小企業は、地域内に直接海外と取引できるようなグローバルネットワークがなかったこともあり、海外企業との直接取引に乗り出せなかったように思います。

帝国データバンクが２０１５年11月に行った「中小企業の海外進出動向調査」によると、調査対象の過半数の企業が海外事業を拡大するとしており、進出予定国・地域1位は、ベトナムでした。２位はタイ、３位はインドネシアです。札幌のＩＴ企業も、ベトナム企業との提携がもっとも多くなっています。経済連携協定（ＥＰＡ）を活用した輸出件数の伸び率も、ベトナムがこの5年で5倍になっています。ＡＮＡは、ベトナム航空に出資し、コードシェアを実施します。

ローカルを磨けば必然的にグローバルになる

グローバル、グローバルと何度も繰り返していますが、決してローカル志向や「クローズ戦略」を否定しているのではありません。地域の魅力（コア・コンピタンス）が高まれば高まるほど、グローバル戦略も有効になるからです。

スローフードで有名になったイタリアの村をみても、そのことがよくわかります（宗田好史［2012］『なぜイタリアの村は美しく元気なのか』学芸出版社）。

のちほどご紹介しますが、美しい村や町、街が日本には少ないように思います。歴史的景観を生かした美しく、楽しく、交流・生活しやすい地域づくりや伝統産業の活性化もまた、地方の農山漁村、都市の課題であることは否定できません。

長い歴史的過程のなかで形成されてきた地域の食文化、スローフード、伝統産業、地場産業、歴史的景観といった**強烈な地域個性**（difference）は、インバウンド客の誘致、ローカルフード（ワイン、チーズ、パスタ、オリーブオイル、生ハムなど）や地場産品である織物、家具、食器や革製品の輸出の増加というグローバル戦略に直結します。

ローカルとグローバルは、対立概念ではありません。グローバル化は、文化の単一化を推し進めるだけでなく、文化の価値の再発見や文化の多様性を促進するという一面も持っています（タイラー・コーエン［2011］『創造的破壊―グローバル文化経済学とコンテンツ産業―』作品社）。

そもそも真にローカルなものは、必然的にグローバルなものなのです。そして、コーエンのいうように、滅びつつあった地域の文化や伝統産業も、異文化との接触によって再生されることもあります（江戸末期から明治初期の日本にも当てはまります）。新しいグローバル市場や新しい用途を得て復活しつつある日本の伝統産業もまさにそうです。

観光立国としての日本のプレミア価値に気づいたのは、デービッド・アトキンソン氏です。彼の主張する8200万人というインバウンド目標（［2015］『新・観光立国論』東洋経済新報社）が、今回の政府の2030年に6000万人というKPIにつながったことはまちがいありません。文化財を核とする観光拠点整備についても、彼の提言を具体化したものです。

批判を恐れずに言えば、地方は、これまで街並み、田園風景、自然、文化財、伝統産業を守り、真にローカルなものに磨きをかける努力、そしてそれを世界にアピールする努力を怠ってきたのではないでしょうか。さらにいえば、6次産業化や地産地消が、海外との取引に直接乗り出すリスクを避ける言い訳として利用されてきたという側面はないのでしょうか。

京都ですら、景観条例の制定・施行は遅れましたが、関西の高級住宅地である兵庫県芦屋市でも、２０１６年７月から、ようやく看板規制を行うことになりました。地方都市も、美しい都市景観にもっと気を配るべきです。政府も、２０２０年までに全国の半数の市区町村で、「景観計画」を策定させる計画を発表しました。

「集団（clique）」や「濃密な関係（richness）」から抜け出し、自ら積極的に海外や外国人との「ゆるい紐帯（weak ties）」や「遠隔地との関係（reach）」を構築する、「外向型地域開発（outward development）」の時代に突入しているのです。

地方創生は政府依存からの脱却だ

半農半Xというライフスタイルを選択するかどうかは、個人の生き方、価値観の問題です。わたしたちが良し悪しを判断すべきものではありません。多様なライフスタイルを選択できることは、個人にとっても社会にとっても、とても大切なことです。

しかし、大都市圏から地方に移住してくる人たちのほとんどが、わずかな農業収入＋１０

0万円程度の現金収入（または政府や自治体からの補助金）しかなく、空き家に安く住む人たちばかりだとすれば、だれが地方財政、国家財政や地域経済を支えるのでしょうか。将来、子供たちの教育費は負担できるのでしょうか。病気になったときや、老後は大丈夫なのでしょうか。

人口数が地方交付税算出の基礎になっていることもあるのでしょうが、人口増加のためであれば、所得税、住民税をほとんど払わない人に対しても、税金を使ってまで誘致しようとする、政府や地方自治体の政策には、賛成できません。

皮肉なことですが、半農半Xを実現しやすいのは、東京圏在住の人たちです。東京圏には多様なXがあるうえに、都心から車で1時間程度の千葉県、神奈川県、埼玉県、東京都多摩地区には、耕作放棄された農地があるからです。収入からいえば、そのほとんどは、半農半Xではなく、X＋α（農）です。

先日『日本経済新聞』の広告を見て、思わず声を上げてしまいました。「〝ちょこっと田舎〟神奈川で暮らす。」という広告が載っていたからです。「都市近くにありながら、水や緑に囲まれた『ちょこっと田舎』な神奈川で、ゆったり暮らしてみませんか？　えっ、首都圏にある神奈川県が移住施策ですか…と驚いた皆様。県西地域や三浦半島地域のように既に人口減少が始まっている地域は、都会と田舎の両方の良さを備えていて大変魅力的です。」（2016年3月14日朝刊）。

何と、地下鉄日比谷線にも同じ広告が出ていました。神奈川県まで移住施策に本格参入したようです。

土地の希少性が低下する人口減少時代においては、「農ある生活」は、豊かなライフスタイルの一つです。都市周辺の住宅団地開発では、住宅団地の中心に農地を配置した、静岡市のエコロジー団地池田の森や、福岡市に隣接する糸島市のアップルタウン高田北（いずれも2015年度第11回住まいのまちなみコンクール受賞）などが徐々に増えてきているように思います。また、UR（都市再生機構）と東レ建設は、2016年度からUR団地内に野菜を栽培できる施設を設置することにしました。2016年4月には、福岡県宗像市の日の里団地から開始されます。

しかし、物価や家賃の安い地方なら、「年収150万円でも自由に生きていける」と感じられるのは、地方交付税、公共事業や農林水産省による手厚い就農支援金、ふるさと納税などによって、東京圏等で得られた税収の一部が、地方に再配分されているからです。法人住民税の再配分によって、東京都の税収は5100億円減収となる見込みです。

行政投資額（国、県、市町村によって行われる公共事業の総額）によると、1人当たり行政投資額で全国最低の都道府県は、大阪府の9万4千円です（総務省「行政投資実績」2015年3月）。それに対して、島根県は35万9千円で、大阪府の3・8倍です（震災復興分を除く）。島根県に次いで多い県は、高知県、鳥取県、新潟県、富山県です。震災復興分を含めば、岩手県、宮城県が全国1位と2位です。

1人当たり地方交付税額も、島根県が1位で、2位が高知県、3位が鳥取県と、上位3県の順位は、1人当たり行政投資額と同じです。

人口当たりの公務員数も、島根県が1位、高知県が2位、鳥取県が3位（久保哲朗［2015］『都道府県ランキング Vol・1』新建新聞社、36頁）となっています。ちなみに、47位は福岡県です。

行政投資額、地方交付税と公務員数との間には、強い相関関係があるようです。1人当たり行政投資額の上位には、山陰、四国、東北の県が並びます。それらの県は、インバウンドはもちろんのこと、貿易額や在留外国人数が少なく、人口減少率が高く、米作中心で、そして1人当たり地方交付税額と公務員比率の高い県です。

島根県松江市と広島県尾道市を結ぶ137㎞の「中国やまなみ街道」は、2015年2月に開通しました。総事業費は、4242億円でした。高速道路としては採算が取れないという理由で、新直轄方式での工事となりました。そのため、松江自動車道の三刀屋木次（島根県雲南市）から三次東（広島県三次市）間の通行料は無料です。無料区間は、ガソリンスタンドやトイレがなく、一般道に下りて用を足さざるをえないため、観光には効果的です。そして、この中国やまなみ街道と瀬戸内しまなみ海道がドッキングすることによって、日本海側（島根県境港市、松江市）と太平洋側（高知県）が高速道路でつながりました。

日本海と瀬戸内海をつなぐ高速道路としては、浜田自動車道＋中国自動車道＋広島自動車道もあります。島根県には、「縦軸（いわゆる「地域連携軸」）」の高速道路が2本整備されたことになります。その結果、中国山地の高速道路沿いの町は、「トカイナカ」になったのです。その効果もあり、2015年の島根県の出生率は、沖縄県に次ぐ全国2位の1・8になりました。

しかも、島根県には、空港も2つ整備されています。鳥取県にも空港は2つあります。人口比あたりの空港数が最も多いのは、山陰地方です。人口31万7000人当たり1つの空港があるのです。東京圏は、調布空港を加えて3つの空港としても、1204万人当たり1空港です。

大都市圏からの再配分に依存し続ける構造からの脱却、それが「地方創生」の最終目的でなければなりません。もちろん、すべての地域で経済的、財政的自立が可能であるとは思われません。しかし、地域のポテンシャルを最大化することによって、自立できる地域が増えることが望ましいことはいうまでもありません。地方の経済的・財政的自立は、国の財政赤字の削減にも貢献しますし、支援地域をより重点化することも可能となります。

せめて政令指定都市や政令指定都市のある道府県は、国からの財政再配分に依存しないような経済構造、税制を構築していくべきでしょう。

同時に同じ行動をさせる愚

地域開発において大切なことは、同時期に、一斉に同じ行動をさせない（しない）こと、均質化・同調化圧力をかけないことです。しかし、地方創生政策でも、これまでと同じ過ち（新産業都市、テクノポリス計画、頭脳立地法、リゾート法、地産地消法など）が繰り返されています。地方創生政策とは直接関係はありませんが、ゆるキャラ、B級グルメに殺到するのも、いただけません。

地方版総合戦略を短期間に全国一斉に作成させ、その出来不出来で交付税に差をつけるといったやり方は、望ましい政策ではありません。地方創生に求められているのは、「**多様性**」、「**個性化**」、「**差別化**」です。

それに対して、それぞれの地域の特性を生かした特区政策は、均質化・同調化圧力政策ではありません。２０１６年3月現在、国際戦略総合特区は、全国で7カ所、地域活性化総合特区は41カ所指定されています。イノベーション型の特区が多く、今後の展開が期待できます。もちろん、そのなかでもっともポテンシャルの高いエリアが東京であることは否定できませんので、特区政策＝「地方創生」とはいえません。

東京圏（特区としての東京圏は、東京都と神奈川県の全域と千葉県成田市）の国家戦略特区は、2016年2月までに、42の事業を認定しています。とくに、都心再開発の10件だけで、経済波及効果は、2兆4千億円と見込まれています。しかし、2016年1月から東京都が開始した「外国人創業活動促進」事業は、2016年3月末現在、実績はゼロです。国家戦略特区は、旧来型の不動産開発に偏っており、グローバル地域創生にはつながっていないようです。

一方、ふるさと納税制度には、さまざまな批判があります。しかし、納税者に政策選択権があり、自治体にも工夫の余地のあるふるさと納税制度は、密室で選ばれる他の地方創生政策と比較すれば、悪くはないと思います。住民税や寄付の理念からはずれているという批判は、理解できないわけではありません。しかし、理念との乖離や、制度上の問題点だけをことさら強調するのではなく、これから述べるような、ふるさと納税の透明性や副次的効果も評価すべきです。

ふるさと納税制度によって、同じ特産品であっても、どのようなサイズや分量、あるいは組み合わせが望まれているのか、マーケティングの方法や創意工夫の仕方も具体的にわかるようになってきました。とくに、ローカル需要に対応したローカル仕様は、必ずしもアーバンの人たちに好まれていないということを理解できた点は大きな収穫です。

九州大学教授で情報経済論の第一人者である篠崎彰彦氏も、多様な住民によるネットを活用したふるさと納税制度を高く評価しています。ふるさと納税制度によって、耕作放棄地での米作りが開始された例もあり、納税者のひとりひとりの思いがこもった支援は、**少数者による密室での決定ではなく、「透明性の高い」政策決定プロセスになっている**と主張しています（篠崎彰彦「情報化とグローバル化の大奔流を地方創生にどう活かすか―ネットと結びついたインバウンド消費とふるさと納税の取り組みの事例」『土地総合研究』２０１５年夏号、52頁）。

ＩＴを活用した「シェアリングエコノミー」ならぬ、ＩＴを活用した「シェアリングポリシー」といえるかもしれません。

福島県湯川村のふるさと納税も、村の年間の税収を上回りました。返礼品は、村で生産したお米です。ふるさと納税の一部は、風評被害に苦しむ農家の所得補填に使われました。

個人的には、家電量販店でも購入できるカメラや、デパートでも購入できる牛肉やマグロではなく、山で採れる山菜や野イチゴ、柿、無花果、栗、野生のお茶の木から作ったお茶（四万十川の上流にありました）、休耕田で栽培した菜の花から製造した菜種油（各地で菜の花ネットワーク運動が行われています）、天然林の腐葉土、真っ赤な楓の葉、農業に被害をもたらしているイノシシの肉、手作りの木工品（宮崎県小林市の川﨑建具店の「木製ままごとキッチン」は返礼品として人気です）、現地の旅館宿泊半額券（閑散期限定）などがいいと考えています。ＪＲや航空会社と組んで、閑散期に観光客を増やすこともできるはずです。

返礼品狙いではなく、ふるさと納税によって高校野球の甲子園選抜出場校を応援したり（兵庫県明石市）、子宮頸がんワクチンの健康被害に苦しむ女性への支援や（愛知県碧南市）、戦時中にユダヤ人を救った外交官、杉原千畝氏を世界記憶遺産に登録する啓蒙事業への支援（岐阜県八百津町）など、多彩な事業やＮＰＯへの支援のために使われ始めています。地方の課題や問題を、都市住民が理解する契機となった点は高く評価すべきです。返礼品を求めない人の方が、リピート率が高く、また寄付額も多いという調査もあります。

野村総合研究所は、２０３３年の空き家数は、２１５０万戸、空き家率は30・２％にまで増加すると推測しています。地方から大都市へ移動した人たちが、親が住んでいたふるさとの家を相続放棄することにより、70万円から80万円かかる解体費用は、地方の自治体が負担しています。相続放棄によって、地方で空き家のまま放置されている廃屋の解体費用や古民家の再生費用は、まさに都市住民によるふるさと納税制度の活用が最適です。美しい農村景観の創出や古民家再生による外国人観光客の増加につながれば、日本の観光業の発展にも寄与できます。都市住民の現地訪問の楽しみも増します。

熊本地震の際には、ふるさと納税を活用した寄付が急増しました。返礼品がなくとも、用途に共感できれば、寄付されるようになってきています。熊本県には地震発生から2週間で約6000件、2億5000万円を超えるふるさと納税が寄付されました。そのうち、2000件以上で返礼品の辞退があったそうです。

ふるさと納税による寄付は、政府の政策よりもスピーディな支援策です。他の自治体が、ふるさと納税の事務処理を請け負うという新しい地域間連携のモデル事業ともなっています。

ふるさと納税制度が評価できるのは、返礼品、寄付額や用途などの情報がネットで公開さ

れている点です。だからこそ、激しい批判も浴びるのでしょうが。

地方財政に苦しんでいる夕張市などは、今後導入される「企業版ふるさと納税制度」によって、財政危機を回避できるかもしれません。夕張で炭鉱を経営し、その後閉山した企業が「企業版ふるさと納税制度」を活用すれば、夕張市の財政は、大きく改善するにちがいありません。家具大手のニトリホールディングスは、２０１６年度から19年度にかけて、総額約５億円を夕張市に寄付すると発表しました。「企業版ふるさと納税制度」には、返礼品はありません。

別の例をあげると、地方銀行は、ふるさと納税と預金獲得を組み合わせた金融商品を開発しました。一定額以上の定期預金をすると、その利子を自動的にふるさと納税に回すという方法です。遺産相続によって、親の住む地方から子供の住む大都市への預金の移動が起こっており、問題となっています。ふるさと納税制度と組み合わせることによって、地方に預金を取り戻すという仕組みもできそうです。

駐日中国大使は、日本のふるさと納税が、中国の貧困県支援の模範になるのではないか、と発言しています。

地方税や寄付の理念から逸脱しており、すぐにやめるべきだという批判も多いのですが、問題点を修正しつつ、ふるさと納税制度は、継続すべきだと私たちは考えます。

２０１６年度にあらたに設けられた１０００億円規模の地方創生支援制度の交付先は、内閣官房の「まち・ひと・しごと創生本部」が選ぶことになっています。

多様な地域単位での計画・戦略を策定せよ

話を戻します。地域開発において、もう一つ大切なことは、自治体単位だけで計画を策定するのではなく、１㎞メッシュ（２５０ｍメッシュと５００ｍメッシュもありますが、対象地域、情報の制限があります）、都市圏（通勤・通学圏）、地方ブロック圏、国際交流圏など、多様な地域での計画や戦略を構想、策定することです。地域の範囲を変えれば、地域戦略も変わります。

福岡１０００㎞圏（航空機で約1時間圏）の人口は、東京１０００㎞圏の人口よりも多いのです。沖縄から4時間圏の人口は20億人です。地域内で小さく縮こまっている必要はない

（時代ではない）のです。時代が変われば、戦略も変えねばなりません。グローバルな観点からローカルを再構築すべきなのです。

第2章

グローバル地方創生の方法論

なんでもない魅力

魅力的・個性的な地域、自治体、企業には、世界からひと・もの・かね・情報が集まります。インバウンドは、そのわかりやすい例です。

インバウンドにとっての地域魅力は、グローバルな観点からみて魅力があるのであれば——外国人から評価されるのであれば——、世界遺産でも、日本遺産でも、企業でも、工業製品でも、大学でも、ホテルでも、リゾートでも、カジノでも、フード（食文化）でも、建物でも、街並みでも、山でも、海でも、雪でも、桜でも、紅葉でも、空気でも、博物館でも、美術館でも、商店街でも、祭りでも、ファッションでも、空港でも、猿でも、猫でも、エンタテインメントでも、医療でも、人情でも、何でもいいのです。

徳島県祖谷で古民家の修復活動をしているアレックス・カー氏は、インバウンド戦略においては、「『なんでもない魅力』が大事」だといっています。「なんでもない魅力」というのは、わかりにくい、哲学的な表現です。「なんでもない魅力」とは、「地域住民にとって、当たり前、日常的なもの、特別な価値があるとは思われないもので、外国人からすれば、素晴らしい価値があるもの」、と私たちは考えます。徳島県祖谷の廃屋となった古民家が、世界の旅行者を魅了するような、「プレミア価値」のポテンシャルを有しているとは、地元の人たちは誰一人として気づかなかったのです。最初にその「プレミア価値」に気づいたのが、カー氏でした。

もちろん地方には、「なんでもない魅力」だけでなく、素晴らしい観光資源もあります。アメリカのジャーナル・オブ・ジャパニーズ・ガーデニング誌が、２０１５年の日本国内の日本庭園ランキング1位に選んだのは、横山大観らの近代日本画コレクションで有名な足立美術館（島根県安来市）でした。足立美術館には6つの日本庭園があり、広さは16・５haです。２００３年の第1回から何と13年連続の1位ですから、世界1位の日本庭園といっても過言ではありません。

世界1位の日本庭園や足立美術館があるにもかかわらず、島根県の外国人延べ宿泊者数は、全国47位の年間3万８６７０人、対全国比でみるとわずか０・０５８％にすぎません（２０１５年）。２０１５年には、対前年比で38・１％増になりました。しかし、全国は48・１％増加していますので、対全国比は低下しました。観光庁によると、２０１４年に島根県にあった免税店は1軒のみで、その数は全国47位でした。

横山大観の日本画や、世界で最もすばらしい日本庭園を世界の人たちに見てもらうための努力は、安来市の、島根県の、そして日本政府のグローバル戦略でしょう。島根県の人口は、２０１５年10月1日に69万１９３１人でした。対前年比５０８４人の減少です。

繰り返しになりますが、島根県には、出雲縁結び空港と萩・石見空港という2つの空港があるのです。これらを活かさない手はありません。政府は、２０１５年に１９７３万人だった外国人観光客数を、２０３０年に3倍の６０００万人にしようとしています。現在、両空港には、国際線は1便も就航していません。もったいないことです。マスコミから無駄な公共事業、不要な空港といわれてきた、これらの空港を活用するときが到来したのではないでしょうか。

世界で最も美しい村連合

２００５年に設立されたＮＰＯ法人「日本で最も美しい村連合」に加盟している60村町・地域（２０１５年10月現在）は、１９８２年にフランスの64の村から始まった「世界で最も美しい村連合」のメンバーでもあります。

当初は、美瑛町に加え、北海道の赤井川村、山形県の大蔵村、岐阜県の白川村、長野県の大鹿村、徳島県の上勝村（葉っぱビジネスで有名になりました）、熊本県の小国町の7つの町村から始まりました。

2015年、「日本で最も美しい村連合」は10周年を迎えました。創設を呼びかけた北海道美瑛町は、アジアから外国人観光客を集めているグローバルビレッジです。旭川空港からやってくる外国人観光客が増えています。

2014年には103人の社会増のおかげで、美瑛町の人口は46人増加し、1万593人になりました。美瑛町の面積は、東京23区とほぼ同じです。

美瑛町だけでなく、観光客が増えている加盟地域が増えています。もちろん外国人観光客の増加は、いいことばかりではありません。マナーの悪い観光客と農家との間で問題も生じています。

写真1をご覧ください。2016年2月24日、美瑛町の農地に建つ通称「哲学の木」が所

写真１．伐採された美瑛町の哲学の木

有者の農家により伐採されました。農地への不法侵入やポプラの木が老木になったことなどが理由です。

美瑛町にとって、観光業は大切な産業です。夏季に観光客から通行料を取り、景観を維持している農家を支援する仕組みを導入したり、監視員への給与に充てたり、ネットを含めた多様な情報ルートでマナーを呼びかけるなど、グローバル化にともなう問題を解決するための、住民、農家、観光業者と観光客との新しい関係構築のための工夫や政策も必要です。

ふるさと納税の活用もできるはずです。このような努力もまた、「グローバル地方創生」です。

グローバル企業への飛躍

経済産業省の第44回「海外事業活動基本調査」によると、2013年度の海外生産比率は過去最高の22・9％（輸送機械は43・7％）、日本企業の海外現地法人の売上高も過去最高の242兆円で、前年比21・9％増加したことがわかりました。

うどん店（丸亀製麺）などを展開する、神戸市に本社のある「トリドール」は、マレーシアのウタラ・ファイブ・フード・アンド・ビバレッジの株式を40％取得しました。2019年までに出資比率を60％にまで引き上げ、子会社にする予定です。この会社は、イスラム教の戒律に沿ったハラル認証済みの麺料理を提供しており、多文化社会対応策として、買収を決定したようです。

「トリドール」は、アフリカでは「テリヤキ・ジャパン」を、欧米や南米ではアジア風ファストフードの「ウォク・トゥ・ウオーク」などを展開しているまさにグローバル企業（多国籍企業）です。アフリカへの進出は2015年ですが、日本の外食企業としては初めてのアフリカ進出でした。2017年末までに、ケニアで20店舗の展開を目指しています。

味の素は、ハラル認証の調味料開発が遅れ、人口の多いパキスタンや中東市場へアクセスできていませんでした。ようやく、インドネシア企業との提携によって、インドネシアで生産したハラル認証の調味料をパキスタンに輸出することになりました。中東市場の開拓も視野に入っています。

リンガーハットとラーメンチェーンのハチバン（金沢市）の統合は、白紙になりました。リンガーハットがハチバンとの統合を模索したのは、売上高がリンガーハットの2割しかないハチバンが、海外に118店舗を有する多国籍企業だったからです。リンガーハットは、国内700店舗、海外11店舗です。

のちにご紹介する山口県の旭酒造は、世界22カ国に大吟醸を輸出している日本酒メーカーです。**新潟県の岩塚製菓は、台湾の宜蘭食品工業や共同出資した中国の子会社の旺旺（世界56カ国で米菓を販売する世界1位の米菓メーカー）からの配当金や技術指導料の方が、国内の利益を上回っています。岩塚製菓と宜蘭食品工業との関係は、1983年からです。**

アサヒビールは、日本では大企業だと思われていますが、世界1位企業の世界シェアが3

割になろうとしているときに、アサヒの世界シェアは、約1％にすぎません。アサヒは、イギリスのビール会社ＳＡＢミラー傘下の、イタリアとオランダのビール企業4社を３３００億円で買収しました。日本の多くの大企業は、グローバルな市場では、トヨタなどのごく一部の例外を除くと、中小企業や中堅企業にすぎません。企業規模の拡大が求められています。日本企業が海外企業を買収しようとしているのは、そのためです。Ｍ＆Ａは、日本企業をグローバル企業へと変化させていくはずです。

工業ガス日本最大手の大陽日酸の買収などにより、化学系企業で日本最大になった三菱ケミカルホールディングスの課題は、グローバル化の遅れです。越智仁社長は、海外での売上げを２０１４年の41・5％から２０２０年に50％にするという計画を明らかにしました。それでも、売上高世界トップであるドイツ企業ＢＡＳＦの79％（２０１４年）には、なかなか追いつけません。三菱ケミカルホールディングスは、売上高でアジア4位、世界では11位です。ワールドカップで入賞できないどころか、アジア大会でもメダルが取れないのです。

日産の危機を救ったのは、フランスのルノーでした。マツダの経営改革は、フォードの支援を受けました。両者とも見事な復活を遂げました。マツダの世界販売台数は、２０１６年度に3年連続で過去最高となる見込みです。三洋電機は、中国のハイアール企業グループとなりました。シャープは、台湾企業の鴻海精密工業のもとで再生を試みる予定です。

会計処理問題で2016年3月期に7100億円の赤字になると見込まれている東芝には、外国人の役員は1人もいませんでした。東芝の家電部門は、中国企業に売却されます。

旧オリンパス経営陣による粉飾決算を見抜いたのは、マイケル・ウッドフォード社長でした。しかし、解任に追い込まれてしまいます。

日本の魅力度は48位

2015年秋に実施した日本国際化推進協会の「外国人労働調査」では、日本に住むのは「非常に魅力的」、「やや魅力的」と答えた外国人は8割でした。それに対して、「日本で働くことは非常に魅力的」と答えたのは、わずか4・3%でした。アメリカ人・カナダ人についていえば、1・8%です。「やや魅力的」も17・7%にすぎませんでした。日本企業のイメージは、「序列が強い」(96%)でした。

実は、日本に住むのは「非常に魅力的」と答えた比率が最も高かったのは、37・7%のアメリカ人・カナダ人でした。**生活の場としては魅力的なのに、働く場としては魅力がない、**

このねじれを解消することも、グローバル地方創生の課題です。

経済産業省の調査によると、日本の大学に留学した外国人留学生（学部卒）のうち、７割が日本での就職を希望しながら、実際は３割しか就職していないことがわかりました。博士課程修了者では、２割以下でした。

報告書では、外国人留学生から日本の企業は、「役割や仕事内容が不透明」、「能力や成果に応じた人事評価が不十分」、「長時間労働」という点が問題視されているとしています（『日本経済新聞』２０１６年3月20日朝刊）。いまだに、日本の企業は、グローバル化に適応できていないのです。

ハーバード大学経営大学院教授のジョン・クエルチ氏は、「グローバル、ローカルという二項対立でみれば、日本には圧倒的に『ローカル志向』の人が多いですね。他国に行って、他国から学ぼうという『グローバル志向』の人はまだまだ少ない。グローバル派が増えなければ、日本は世界から孤立し、保守的になっていくでしょう」（佐藤智恵［２０１６］『ハーバードでいちばん人気の国・日本』ＰＨＰ研究所、２３４頁）と述べています。

ＩＭＤ（スイスの国際経営開発研究所）が毎年公表している「世界競争力年鑑２０１４年」によると、専門的な技術や知識を有する高度外国人人材からみた日本の魅力度は60カ国中、48位でした。アデコ（スイスの人材サービス会社）とインシアド（フランスやシンガポールでビジネススクールを運営）の共同調査「２０１５年〜16年版世界人材競争力指数」で、日本は１０３カ国中19位でしたが、「外国人労働者」については75位でした。１位はスイス、2位はシンガポールでした。

日本の課題の一つは、外資系企業の投資を呼び込めないことです。対内直接投資額を２０１４年の23兆円から２０２０年に35兆円にする、というのが日本政府のＫＰＩですが、対内直接投資額は、増加するどころか、減少に転じています。２０１５年度の対日直接投資は、流入額から流出額を引いた純投資額は、５１０億円のマイナスでした。

しびれを切らした経済産業省は、対日投資促進のために、外資系企業限定の補助金制度を設け、その第一号に、オランダのフィリップスが選ばれました。しかし、５億円の投資の半額を補助するというのでは、まさに焼け石に水です。

対日直接投資だけでなく、高度外国人人材まで呼び込めないとなると、日本の将来はきわめて暗いといわざるをえません。

地方の英語力を高めよ

外国人観光客が増えている岐阜県飛騨市のＨＰやパンフレットは、11言語対応です。姫路城のパンフレットは、15言語になりました。入場料は、クレジットカードで支払えます。姫路城グランドオープン1年後のイルミネーションは、20言語で表示されました。２０１６年3月、東京メトロの自動販売機の案内言語は、これまでの日本語と英語に加え、中国語（簡体字と繁体字）と韓国語を加え、４カ国語表示になりました。

ビィー・トランセホールディングス（千葉市）は、東京駅と成田空港を結ぶ高速バスのサイトの言語数を、それまでの7カ国語から、タイ語とアラビア語を加えた9カ国語にしました。明治大学のＰＲサイトは、10言語です。

すべてを紹介できませんが、東京圏の交通企業、ホテル、銀行は、２０２０年に東京オリンピックが開催されることもあり、一斉に多言語対応に向かっています。

東京都内の表示版のアルファベット表示も、外国人にわかる英語表記に変更されています。例えば、これまで「chugakko」と表記されていたものを、「J.H.Sch.」という表記に変更します。

しかし、これまで何のために中学校を「chugakko」と表記していたのか、本当に不思議です。「Kokkai」は、「The National Diet」になりました。新宿駅の各種案内板も、外国人にわかりやすいように、これまで地下鉄、ＪＲ東日本、私鉄それぞればらばらだった表示を統一します。新宿駅南口に集約されたバスターミナル「バスタ新宿」では、英語、中国語、韓国語で観光案内が行われます。東京オリンピック誘致の波及効果です。

さきほどご紹介した内閣府の世論調査によると、グローバル人材育成のために重要な取り組みとして1位になったのは、「小中高を通じた英語教育の強化」（65・6％）でした。そのためにも、センター試験の外国語は、英語だけにすべきです。

文部科学省の調査では、中学3年生の4月時点での英語力の平均は、目標の英検3級レベルには到達しておらず、英検4級以下でした。文科省は、２０１５年に「生徒の英語力向上推進プラン」を策定し、２０１９年度からの英語テストでは、10分間の英語面接を課すようですが、実践的英語教育の実施については、きわめて対応が遅いといわざるをえません。若い外国人を外国語指導助手として採用することも、もちろん悪くはありませんが、海外でビジネスをしてきた実戦経験の豊富な定年退職者を、中学、高校の英語講師として採用すべきです。中学や高校の英語教師についても、数年間の留学を義務づける必要があります。

文部科学省の２０１５年調査によると、全国の公立中学校の英語教師で英検準１級、TOEIC ７３０点、TOEFL iBT 80点以上を取得した比率は、30・2％にとどまっていることがわかりました。今後はこの水準は、採用時の最低条件とすべきです。

産業能率大学のネット調査によると、**「海外で働きたいとは思わない」**と回答した新入社員の比率は、２００1年の29・2％から、２０１5年には過去最高の63・7％になっています。働きたくない理由の1位は、「自分の語学力に自信がないから」（65・6％）でした。この数字には本当に驚かされました。**グローバル性の欠如は日本企業や地方の問題だけではなく、日本人の問題となっています。**ロールモデルとなる海外経験豊富な日本人を英語講師として採用することで、海外での仕事のイメージを具体的につかめるようになるはずです。

英語力向上、多言語対応や「内なる国際化（外国人の採用等）」は、日本の大企業や地方の観光地だけの問題ではありません。横浜市泉区と神奈川県大和市にまたがる「いちょう団地」には、20カ国以上の国籍を有する外国人世帯が約５３０世帯居住しています。団地内には6カ国語での案内が掲示してあります。

文京区は、行政手続きの書類を、英語、中国語、韓国語に翻訳しています。外国人比率が8％と、新宿区に次いで高い港区は、英語のメールマガジンで行政情報を発信しています。

東京ハイヤー・タクシー業界は、TOEIC600点レベルのタクシー運転手に対して独自認定を行うことになりました。すでにタクシー大手の日本交通の運転手の2割は、英語での対応が可能になっています。

地方創生の問題点は、補助エンジンばかりに力点が置かれ、メインエンジンであるはずのグローバル戦略が軽視されていることです。

輸入代替戦略を目指せ

地方では、地産地消ではなく、「**輸入代替**」を目指すべきです。発想を転換しなければなりません。輸入代替は、サブシステムですが、「グローバル地方創生」の一つです。

２０１６年1月14日、ロイヤルホストは、全店でサラダに使用する生野菜を国産１００％に切り替えると発表しました。これが輸入代替です。

リンガーハットは、国産野菜を使用したちゃんぽんが好評で、２０１５年には5割の増益で、２０１６年2月は、32％の増益でした。農林水産省によると、ラーメンの国産化率は、わずか10％です。日本のラーメンは、外国人観光客に人気ですが、原材料費の90％は、海外に漏出しています。

もし、イタリアでピザを食べた後で、ピザの材料である小麦はインド産、チーズはギリシャ産、ベーコンはアメリカ産、トマトは中国産だったと知らされたら、みなさんはどんな気持ちになるでしょうか。

２００４年頃から、ラーメンの具材であるメンマ、モヤシ、ニンニクなどの中国からの輸入価格は、3倍から4倍程度に上昇しています。中国産ソバの価格も高くなっています。タマネギは、国産の方が安くなったようです。北海道の「ゆめちから」、「きたほなみ」、福岡の「ラー麦」など、麺に使用される国産小麦も増えてきています。国産小麦は、輸入小麦と価格面において対抗できるようになりました。地産地消は無理だとしても、国産国消のニッポンラーメンの実現は、不可能ではありません。すでに「餃子の王将」は、調味料以外すべて国産原料の「新日本ラーメン」を販売しています。

山形県河北町では、イタリア野菜の栽培が盛んになっており、東京圏の高級イタリアレストランが購入するようになっています（樋口直哉「一流シェフが絶賛する日本産のイタリア野菜」『ダイヤモンド・オンライン』２０１６年2月3日）。

バナナ、バニラ、パクチー、ドラゴンフルーツ、コーヒー、ウーロン茶の茶葉、アボカドなども各地で国産化が始まっています。国産化で先行してきたキウイやレモンも、輸入品の価格上昇の影響を受け、２０１１年以降、増産傾向にあり、国産化率は30％程度になっています。割高でも新鮮な国産は、人気です。

エネルギー地産地消の経済効果は小さい

各地で取り組みが始まったバイオマス発電、バイオマス資源を活用した暖房、風力発電、太陽光発電、小型水力発電なども、エネルギーの輸入代替です。しかし、その効果は、地域経済を浮揚するようなメインシステムとしての力を有しているわけではなく、あくまでサブシステムです。

サブシステム、補助エンジンと呼んでいるのは、経済効果に地域需要という上限があるという意味なのです。しかも、その上限は、人口減少にともなって確実に低下していきます。

環境省は、電力、ガスにガソリンと軽油等まで加えると、7割の地域でGRPの5％程度が、暖房費や自家用車利用の多い1割の地域では10％程度が、主として中東諸国に漏出していると推計しています（『日本経済新聞』2015年10月24日朝刊）。環境庁の推計は、電気代とガス代に加え、ガソリン代と軽油代まで含めた計算です。

ただし、計算の基礎となったエネルギー価格は、2013年価格です。原油、天然ガス、石炭価格の急落で、電気、ガスはもちろんのこと、ガソリン価格や軽油価格も下がっています。2015年価格で算出すれば、5％ではなく、2％～3％になっていると思われます。

エネルギーの地産地消に、地域振興効果がないわけではありません。環境省の推計でも、暖房費が多く、自動車を利用する地域では、原油や天然ガスの価格が急落したとはいえ、自然エネルギーや水素利用による効果は一定程度認められます。

バイオマスタウンとして全国的に注目されている北海道下川町の人口は、2012年と2013年、5人と1人でしたが、社会増となっています。2005年には82人の社会減でした。エネルギーの地産地消の効果は、確かにありました。しかし、何度も申し上げたように、2012年、2013年は、福島原発事故の影響を受けた特殊な時期です。しかも、エネルギーの地産地消を達成してしまえば、さらなる経済効果は見込めなくなります。下川町は2014年には、再び25人の社会減となっています（「下川町まち・ひと・しごと創生総合戦略」2015年10月、4頁）。

自然エネルギーの活用は、地域活性化策として捉えるよりも、温暖化ガスである二酸化炭素排出量削減に対する地方からの貢献（世界貢献）、廃棄物（建設廃材や端材など）の有効利用による環境改善、災害に強い地域づくり、廃熱の有効活用による熱帯作物の国産化支援と捉える方がいいと思います。

日本政府の「地球温暖化対策計画」の原案では、2050年に温暖化ガス排出量を80%削減するという長期目標を設定することを明記するようです。薪ストーブやペレットストーブは、都市では使えません。地方の農山村では、電気、ガス、灯油、ガソリンをすべて自然エネルギーで代替する仕組みを構築すべきです。地方からの世界貢献です。

藻谷浩介・NHK広島取材班［2013］『里山資本主義』（講談社）で有名になった、真庭市の製材企業によるバイオマス発電の経済効果は、中村良平・柴田浩喜「木質バイオマスの地域循環による経済活性化効果」『岡山大学経済学会雑誌』45巻1号、2013年によると、真庭市のGRPの0・13％であると推計しています。

地域需要以上の電力、バイオ燃料や水素を生み出し、地域外に外販すれば、地産地消の需要限界を超えることができます。できますが、太陽光、バイオマス、小型水力、風力発電、地熱発電は、地域内のエネルギーを賄うからこそ意義があるのです。

巨大メガソーラーは、地域の景観を破壊しますし、長い送電線を必要とします。大量のバイオマス資源の調達のために、多くのトラックを遠方まで走らせたり、海外からバイオマス資源を輸入するのでは、本末転倒です。すでに、バイオマス発電用チップの不足と価格上昇が始まっています。森林ジャーナリストの田中淳夫氏は、大規模バイオマス発電所の規模が、域内のバイオマス燃料供給ポテンシャルを上回っている点について、心配しています。

林野庁がモデルとしている5000kwのバイオマス発電所であれば、1万2千世帯の電力を賄えます。売電収入は、12億円から13億円です。関連する雇用を含めれば、50人の雇用が見込めます。そのために必要な木質バイオマス燃料は、年間6万tです（林野庁「木質バイオマス発電による地域への波及効果（試算）（5000kwの発電施設の場合）」）。年間6万tといわれてもピンときませんが、田中氏によると、1年間で100haの山林が丸裸になるほどの木材量だそうです。

日本国内の大規模なバイオマス発電所は、地域資源だけでなく、外材の廃材や輸入したPKS（パームヤシ殻）を燃料としたり、石炭との混焼発電を行っています。PKSを輸入するのではなく、現地でバイオマス発電を行う方が、アジア地域におけるエネルギーの地産地消につながります。その二酸化炭素の排出権を購入するというのも、いいと思います。

ここまで論じてきたように、エネルギーの地産地消には、地域需要の上限がありますし、その上限は、人口減少によってどんどん低下していきます。100%エネルギーを自給したとしても、地域のGRPの3%程度にすぎません。

それに対して、日本酒、ワイン、ウイスキー、農林水産物、伝統工芸品、食品の輸出は、地域需要という上限を超えることが可能です。立地論で重要視されている、**地域外から所得を稼いでくる「基盤産業（移出産業）」となりうるのです。**基盤産業は、Basic Industry ともいいます。地域経済にとっては、地域外から稼いでくる産業が重要なのです。国内の市場が縮小するため、今後は海外の市場がますます重要になる、と繰り返し力説しているわけです。のちほど山口県の日本酒メーカーを例にとって、再度ご説明いたします。

地域内の自然エネルギーの活用は、あくまでもサブシステムとしての「グローバル地方創生」です。

急増する農林水産物・食品の貿易赤字

繰り返しになりますが、日本の人口は2008年から減少しています。今後、日本の人口減少速度は、加速していきます。

2015年の農林水産物・食品の輸出額は、過去最高の7452億円となりました。マスコミの報道もあり、農林水産物・食品の貿易赤字も縮小しているかのような印象を持たれた方も多いと思います。

しかし、実際は逆です。2014年の農林水産物（食品を除く）の輸入額は、9兆2408億円で、2010年の7兆1194億円から2兆円以上増えました。2015年は円安の進行によって、10兆円近くなっていると思われます。兆円単位で増加する輸入に対して、千億円単位で輸出が増えても、焼け石に水どころか、農林水産物や食品の貿易赤字は急増中というのが実情なのです。意外かもしれませんが、これは事実です。

仮に1兆円輸出したとしても、円安や海外の農作物の値上がりで、農林水産物や食品の貿易赤字は拡大する一方です。そもそも2020年の輸出額1兆円という目標は、日本の農業と食品のポテンシャルや他の目標と比較すると低すぎます。イタリアの輸出額は、3兆5千億円です（2011年）。

輸出品目をみても、1位ホタテ591億円、2位ソース類264億円、3位ウイスキー類250億円、4位清涼飲料水250億円、5位サバ197億円、6位日本酒140億円、7位ブリ138億円と、肝心の農産品は上位には見当たりません。ようやく8位にリンゴ134億円が出てきます。そのリンゴですが、これまで供給過剰の調整弁として海外市場を利用してきた経緯があります。そのことが、海外の流通業者が日本産リンゴを取り扱いたがらない理由になっているようです。

県の農業試験場は、食味を重視した特A米の開発に力を入れてきました。今や特A米が1／3を占めるまでになっています。その結果、高コストで低収穫となり、日本米の輸出競争力を削ぐ結果になっています。日本の消費者のニーズを追求しすぎて、国際競争力を失った電機産業と同じ、「ガラパゴス」型の開発です。安くて加工しやすい米を求めている、中食・外食企業のニーズとも乖離しています。**輸出を増やすためには、低コスト、高収穫で、中国やアメリカなどの海外の消費者の志向にあった、粘り気が少なく、歯ごたえのある品種を開発、栽培しなければなりません。**ＪＡ全農は、ようやく輸出専用米（多収穫米）の生産と輸出に乗り出します。

輸出先１位である香港への輸出品目上位３品目は、真珠、なまこ、タバコです。輸出先２位の米国は、ホタテ、ブリ、ソース類、３位の台湾は、タバコ、リンゴ、珊瑚、４位の中国はホタテ、サケ・マス、木材、そして５位の韓国は、ビール、ホタテ、ソース類です。

人口の多い中国よりも、香港や台湾への輸出の方が多いというのは、どう考えてもおかしいとみなさんは思われませんか？　対中貿易は、２０１５年に６兆１９１１億円の赤字になっているのです。関税引き下げや非関税障壁の除去について、中国政府と本格的に協議すべきです。

２０１６年は輸出品目１位のホタテの不漁により、日本からの農林水産物の輸出額は、減少しそうです。しかし、輸出の制約条件が除かれれば、日本からの農林水産物の輸出は、確実に増加します。その国内外の制約条件を特定し、除去していくのは、農林水産省の仕事です。

グローバル農政への大転換?

これまでの農政には、「グローバル農政」という視点が欠落していました。２０１４年９月に大臣を本部長とする「攻めの農林水産事業本部」が、２０１５年、農林水産省に食料産業局輸出促進課がようやく設置されました。また、「農産品の輸出促進」に45億８千万円の予算がつけられました。

また、農林水産物の輸出を迅速化するために予算、職員を増やすことになりました。これまで輸出証明書は、地方農政局でしか発行されず、検疫などを含めて５日から６日かかっていたようです。生鮮食品を日本から輸出しにくい要因は、国内の行政内部にもありました。それを３日にするということです。

シンガポールからの訪日観光客は、２０１６年１月15日から、日本産の牛肉と豚肉を５kg以下であれば、空港での検疫手続きをすれば、手荷物として航空機に持ち込めることになりました。農林水産省とシンガポール政府との外交交渉の成果です。

さらに2016年度からは、博多港、長崎港にクルーズ船で入国した外国人観光客が購入した国産野菜の検疫を、ヤマト運輸等と協力して、観光中に済ませるというサービスが実現しました。マレーシアとは鶏肉の、ベトナムとは現在輸入禁止となっている梨やミカンについての協議が行われる予定になっています。

農水省は、2015年から、第6章で取り上げるANA沖縄貨物ハブを活用した、地方の農産品の輸出にも力を入れ始めました。さらに、日本の農作物や食品のブランド化のためのGI（地理的表示）にも（ようやく）取り組み始めました。EUでは1992年にGIを創設し、現在1300以上の農作物や食品が保護されていますから、日本は20年以上対応が遅れたことになります（日本は10品目）。農林水産物や食品を海外に輸出するということが、重要な政策課題であると認識されていなかったからでしょう。政策の対象地域を国内からグローバルに拡大すれば、おのずと農林水産政策の方向性は転換するはずです。

今後の農水省の攻めのグローバル農政に期待したいと思いますが、「世界農業遺産」の基準に達しない日本独自の「日本農業遺産」や、「グローバルGAP」の基準を満たさない日本独自の「日本版GAP」制定などを見る限り、本格的グローバル行政との間には、まだ「ギャップ」があるようです。

輸出しなければ生き残れない

国産ウイスキーの「ニッカ竹鶴17年ピュアモルト」は、２０１２年、２０１４年に世界最高賞を受賞しました。２０１５年には、ニッカの「フロム・ザ・バレル」、サントリーの「響21年」（3年連続）が最も優れたメーカーに与えられる賞を受賞しました。国際コンクールで賞を受賞しているのは、日本産ウイスキーだけではありません。甲州ワインは、２０１１年、２０１２年にワインコンクールで賞を総なめにして、世界から一躍注目されるようになりました。山梨県も甲州ワインの輸出を支援するための予算をつけていますが、問題は醸造用ブドウの苗木不足です。

２０１５年フランスで行われたチーズ国際コンクールでは、日本から出品した28品のうち、10品が入選し、スーパーゴールドにアトリエ・フロマージュ（東京南青山）と高秀牧場（千葉県いすみ市）の2品が、ゴールドには、北海道の共働学舎新得農場や町村農場などの4品が選ばれました。国産ナチュラルチーズの輸出量は、原発事故により落ち込みましたが、２０１４年には２００９年水準にまで回復し、今後はさらなる輸出増加が期待されています。

群馬県川場村の永井酒造は、フランスの高級レストラン等に日本酒をシリーズとして売り込み、３０００万円程度の輸出を行っています。２０２２年度に輸出額を1億円にする計画です。詳しくはぜひ同社のＨＰをご覧ください。

北海道の「ホクレン農業協同組合連合会」は、２０１５年7月に台湾とシンガポールに拠点を設置し、２０１４年に17億円であった輸出額を１００億円にするとしています。

日本経済新聞の調査によると、全国の農業法人に対するアンケートで48％が輸出に取り組み始めていることがわかりました。逆にいえば、52％の農業法人は、輸出拡大に取り組んでいないことになります。国内市場だけで生き残れる、自社の商品は海外需要が少ない、海外で戦うには価格競争力が乏しい、が理由のようです（『日本経済新聞』２０１６年2月17日朝刊）。

国内市場だけで生き残れるという発想は、理解できません。**このまま手をこまねいて、国内市場だけをターゲットとしていたのでは、そう遠くない時期に生き残れなくなります。**

グローバル地場産業

地場産業という言葉の響きは、ローカル性をイメージさせます。しかし、地場産業は、もともと江戸時代に各地の藩の財政を良くするために、全国に流通させる目的で生まれてきたという経緯がありますので、その市場はローカルではありません。**地場産業は、地域外からお金を稼いでくる、しかも企業誘致した工場と異なり、地元から出て行く可能性の低い基盤産業（移出産業）です。**

江戸時代以前に成立していた地場産業のなかには、グローバルな地場産業も少なくありません。その代表は、佐賀県の有田焼や長崎県の波佐見焼です。豊臣秀吉の朝鮮出兵によって朝鮮半島から陶工が連れてこられたという、成り立ちからしてグローバルなのですが、その美しく精巧な陶磁器は、ヨーロッパの貴族に重宝され、長崎市の出島や佐賀県の伊万里港から輸出されました。

波佐見焼は、中国が政治的に混乱した17世紀の一時期、中国の陶磁器の代替品として、ヨーロッパに輸出されたことがあります。江戸末期から明治にかけては、日本酒やしょうゆを詰めた「コンプラ瓶」として輸出されました（松永桂子［２０１５］『ローカル志向の時代』光文社、１２０頁）。「コンプラ」とは、ポルトガル語で「仲買人」という意味です。最盛期には40万本が輸出されたようですが、しょうゆの品質が悪化するとともに、輸出量は激減していきます。

この歴史的事実は、きわめて教訓的です。グローバル市場を獲得するには、品質が重要であること、そして輸送用・保存用瓶として使用されていた陶磁器に、実は日本人が気づかなかった、より高いプレミア価値があったということです。**他の文化との接触によって、新しいプレミア価値が発見されるのです。**

コンプラ瓶は、そのエキゾチックな魅力もあり、ロシアの文豪トルストイの書斎の一輪挿しとして使われていました。明治39年、トルストイの書斎を訪問した徳冨蘆花が実際に目にして驚いたといわれています。江戸末期のコンプラ瓶は、現在骨董品として１本８万円程度で売買されています。

秋田県で結成されたＮＥＸＴ5という蔵元5社のユニットがあります。このＮＥＸＴ５の日本酒を世界にプロデュースしようとしているのが、ポップアーティストの村上隆氏です。「日本最高峰のものをつくり上げる意気込み」で村上氏が選んだのが、波佐見焼のコンプラ瓶でした（『Discover Japan』２０１６年3月号、18頁）。

羽田空港の国際線ターミナルビル内のお土産店に、波佐見焼が置いてありました。英語の説明文には、佐賀県の伊万里港から輸出されていたため、当時は伊万里焼と呼ばれていたと書かれていました。

波佐見焼は、中国の陶磁器の代替品ではなく、輸送用の保存瓶としてではなく、オランダ東インド会社の手によってではなく、そして伊万里焼という名称ではなく、世界で愛される美術工芸品として、自ら世界市場に打って出る時を迎えています。

岩手県の南部鉄器も他文化との接触によって、新しい「プレミア価値」が発見されました。南部鉄器は、17世紀に岩手県盛岡市周辺を拠点としていた南部藩が、京都から茶釜職人を呼び寄せ、鉄瓶などを作らせたのが始まりといわれています。

２０１０年に上海で開催された万国博覧会で、南部鉄器が紹介され、プーアール茶との相性の良さから、中国の富裕層に人気となりました。輸出比率は5割程度になっていると思われます。２０１４年の輸出額は２０１０年の２・６倍の1億2千万円にまで増えています。外国人向けにカラフルな鉄瓶を開発したこともプラスに作用しています。

その逆のケースもあります。18世紀から19世紀に制作されたイギリスの「スリップウェア」は、実用の器として使用され、イギリスでは価値がないものと考えられてきました。この「スリップウェア」に注目したのは、日本人です。いまでは日本にある「スリップウェア」の方が、イギリスよりも多いといわれています。「スリップウェア」を制作する日本人も増えています。

東京をすっ飛ばして海外を見る

［2013］『ビジネスをつくる仕事』（講談社）の著者である小林敬幸氏は、「東京をすっ飛ばして海外を見る」戦略を提唱しています。売上、予算や規模で東京や海外には到底かなわない、地方の企業やチームの独自のグローバル戦略です。

広島のJ1のチームであるサンフレッチェは、FIFAクラブワールドカップジャパン2015で中国の広州恒大を破り、世界3位になりました。広州恒大の年間予算は500億円ですが、サンフレッチェはわずか31億円で、2015年1月現時点では、サンフレッチェからは、日本代表チームにはだれも呼ばれていませんでした（2016年には2選手召集されています）。しかし、身の丈にあったやり方、そして地道で長期的な選手の育成によって、資金やスター選手の多い東京のチームのみならず、世界のチームとも十二分に戦えることを証明しました（「小林敬幸氏「小資金でも地味でも勝ち続ける『広島式』の秘密」『ビジネスジャーナル』2016年1月11日）。

京都大学教授の若林直樹氏がいうように、ラグビーワールドカップ日本代表のダイバーシティ・マネジメントも日本企業だけでなく、地方にとっても参考になると思います。「東京をすっ飛ばして海外を見る」のも悪くありませんが、日本人を含む多国籍部隊（ダイバーシティ・マネジメント）で「世界をぶっ飛ばす」のもおもしろいと思います。

茨城県笠間市の須藤本家が純米酒「郷乃誉」を海外に輸出し始めたのは、1995年頃のことでした。茨城県の蔵元は、国内市場の縮小への対策として、輸出に積極的です。しかし、輸出に積極的な理由は、それだけではありません。国内市場でのブランド力の弱さにもあります。海外市場では、国内のブランド力はほとんど問題にはならないからです。須藤本家は、輸出比率5割を目標にしています。国内を「すっ飛ばして」いるわけではありませんが、「海外を見る」戦略です。

北関東（栃木、茨城、群馬）の蔵元は、全国に先駆けて輸出に取り組んでいます。

日本総合研究所調査部主席研究員の藻谷浩介氏も、「**ドメスティクな視点を捨て国際的視野を持ち、東京マーケットに依存しない産業構造**」を作るべきだと主張しています。

サーバーアンドクライアント型というアメリカの国土構造のなかで、藻谷氏がとくに注目したのは、アイダホ州の州都ボイジーです。ボイジーの人口は21万人、ボイジー都市圏の人口は62万人（２０１０年）の小都市ですが、世界的な半導体企業であるマイクロン・テクノロジの本社が立地しています。経営破たんした日本のエルピーダメモリを買収したことにより、ＤＲＡＭ生産では、サムソン電子に次ぐ、世界2位となりました。また、ヒューレット・パッカードも拠点工場を立地しています。治安の良い都市としても有名です。

ボイジー空港は、２０００haの面積があり、2本の滑走路を有しています。一日60便程度の便があり、年間約３００万人の旅客数です。ボイジー空港は、ロサンゼルス、サンフランシスコ、シアトル、ポートランド、ミネアポリス、シカゴ、フェニックスなどのアメリカ国内の多様なハブ空港と密接に結びつくことで、ダイレクトにアメリカの主要都市へ、あるいは1回の乗り換えでアメリカ国内はもとより、世界各地に移動できます。ボイジーは、「空間克服都市」なのです。

グローバル化、グローバル戦略やグローバル競争は、もはや世界都市論が対象としてきた巨大多国籍企業だけのものではありません。農村だから、地方だから、中小企業だから、サービス業だからグローバル化はできない、とあきらめるようなものではないのです。**逆に、中小企業、地場企業だからこそグローバル競争に勝ち抜ける道もあるのです。**

山口の旭富士から世界の獺祭へ

ここで参考になるのが、純米吟醸酒「獺祭（だっさい）」です。広島県ではありませんが、お隣の山口県岩国市の日本酒メーカー旭酒造が醸造している日本酒です。「獺祭」は、ダッサイということで当初日本人には変な名前といわれましたが、由来は正岡子規の「獺祭書屋主人」という俳号から取ったものだそうです。また、旭酒造の所在地の住所が「獺越（おそごえ）」という地名でした。

「旭富士」という旧来のブランド名から、時間をかけて「獺祭」ブランドに移行しました（桜井博志［2014］『逆境経営―山奥の地酒「獺祭」を世界に届ける逆転発想法』ダイヤモンド社）。

1984年に9700万円であった旭酒造の売上高は、輸出の増加もあり、2013年には39億円、2014年には49億円にまで伸びました。旭酒造は、岩国市内で4番目の酒蔵だったそうですが、杜氏を廃止するなど、伝統的な酒造りをやめ、斬新な経営に方針を転換します。さまざまな批判があったようです。

地産地消にこだわらず、兵庫県から山田錦という酒米を購入し、地域需要よりも東京での営業を強化しました。この点についても批判されたようです。

写真2．獺祭　純米大吟醸磨き二割三分

（出所）旭酒造提供。

桜井博志社長は、「獺祭の全売上げのうち地元山口で売れるのは、15％ですから、最近よく言われる『地産地消運動』からすると最も遠いところにいる酒蔵だよね」と述べています（勝谷誠彦［２０１４］『獺祭』西日本出版社、１６５頁）。「**いいものはどこでも売れる、いいものはどこからでも買う。その自由闊達さが『獺祭』の力の源の一つ**」（同、１６５頁）でしょう。新しい酒蔵の建設によって、生産量は3倍にまで拡大するそうです。

旭酒造は、海外への販売へと乗り出し、22カ国に輸出するまでになっています。輸出は、売上げの10％程度になったようです（２０１４年）。ニューヨーク、パリ、ロンドン、東京に獺祭を楽しめるバーを造るまでになりました。アジア向け輸出が約5割を占めているようですが、世界の上位5％の顧客をターゲットに入れるという戦略のもとに、第1級世界都市をターゲットにしたのです。ユダヤ教の食品規定である「コーシャ」という認証を取得しています。ニューヨークにはユダヤ人が多いからです。

旭酒造のＨＰは4カ国語表記になっていますが、山口県酒造組合のＨＰは日本語だけでした。

さらに自前の農地を活用して、富士通の「Akisai」というシステムを使用して、山田錦の増産にも乗り出しています。

日本酒の国内需要は減少していますが、日本酒の輸出が増えてきたおかげで、酒米の生産量も増えてきています。地域内や国内の需要を前提としていたのでは、生産は縮小していくばかりです。日本政策金融公庫が2016年1月に行った調査によると、中国人観光客が最も満足したおみやげは、日本酒でした。

食品の輸出戦略は、地場企業の世界企業化であるだけでなく、農業をも活性化するための逆6次産業化なのです。

発展なき成長から脱却せよ

地域経済に強い影響を与えるのは、工場労働者に支払われた現金給与総額です。製造品出荷額等ではありません。工場数や製造品出荷額等の増加に伴って、現金給与総額の対全国比は、地方圏のなかで、東北地方が最も上昇しました。東北の対全国比のピークは、2006年です。

しかし、東北の工場労働者に支払われた現金給与総額は、1997年の3兆7086億円をピークとして、2014年の2兆7111億円にまで、9975億円も減少しています。工場誘致による地域活性化の終焉は、1991年（工場数と工場労働者数のピーク）〜1997年（現金給与総額のピーク）の頃であったといっていいでしょう。

今から思えば、バブル崩壊した1990年代は、地域開発の機軸を、サービス化、情報化、都市化、グローバル化へシフトすべき転換点だったのです。

東北地方の工業化は、「農工両全」、今流行の言葉でいえば、半農＋半X（工場労働）でした。半農は、家族単位（3ちゃん農業）や週末農業、農繁期の休職によって維持されました。3ちゃんとは、じいちゃん、ばあちゃん、かあちゃんのことです。

東北地方で、手間のかからないコメ生産が重視されたのはそのためです。コメ生産にかかる労働時間は、葉物野菜の1／3程度といわれています。東北地方に進出した工場では、「田植えや稲刈りなどの農繁期には、欠勤者が続出、人の手当が大変だった」（河北新報社編［1997］『むらの工場—産業空洞化の中で—』新評論、14頁）のです。

2013年においても、東北の農業は米依存型、兼業農家型です。米生産額1位は新潟県、3位は秋田県、5位は山形県、6位は宮城県です。農業生産額に占める米の比率は、秋田県が59％であるのに対して、北海道は12％、鹿児島県は6％にすぎません。東日本大震災以前から、東北地方の農業生産額は、減少傾向にありました。その原因の一つは、極端な米作依存にあります。米価が下がれば、農業生産額も下がるからです。工場労働で得られる給与だけでなく、農業収入も減少するというダブルパンチに見舞われたのです。

高速道路や新幹線で東京との時間距離が短くなればなるほど、理工系学部を卒業した大卒、大学院卒などの優秀な人材は、東京圏に流出していきます。東京の世界都市化、サービス経済化が進展すればするほど、グローバル機能や中枢管理機能を東京に依存することになり、農業（米作）と工業（工場労働）を基盤としている東北地方は、人口流出を加速させていきました。逆の言い方をすると、東京の富裕化（ジェントリフィケーション）は、東北地方によって支えられてきたのです。

２０１０年から２０４０年にかけて人口減少率が高いと推計されている県は、１位秋田県35・６％、２位青森県32・１％、３位高知県29・８％、４位岩手県29・５％、５位山形県28・５％、６位和歌山県28・２％、７位島根県27・42％、８位徳島県27・30％です。和歌山県を除くと、ここでも東北、四国、山陰が上位に位置しています。

外国人数がもっとも少ない県は、高知県です。外国人比率の低さでは、青森県が1位で、秋田県が2位です。人口減少率が高いと推計されている県では、外国人数が少なく、外国人比率も低いという傾向がみられます。

人口減少の続く秋田県の商業地の公示地価は、2016年にマイナス4・2%と全国1位の下落率になっています。人口減少→地価下落という負のスパイラルに陥っています。2015年の国勢調査速報によると、2010年から2015年にかけて、東北5県の人口減少率は3・8%でした。北海道の2・2%、九州の1・4%よりも高くなっています。

社人研の推計では、九州・沖縄の人口の対全国比は、2010年の11・4%から2040年の11・3%へと0・1ポイントの低下が見込まれていますが、新潟県を含む東北6県は、9・1%から8・1%へと1ポイントも減少すると予測されています。厚生労働省の雇用政策研究会は、2030年の労働力推計を公表しました。それによると、経済成長率が0%で推移した場合の就業者数の減少率は、秋田県27%、青森県24%、山形県21%、福島県18%など、東北の県で高くなっています。

千葉経済大学教授の安東誠一氏がかつて主張した「**発展なき成長**」、「**縁辺化する地方**」という概念にもっとも適合するのは、東北地方です（安東誠一［1986］『地方の経済学―「発展なき成長」を超えて―』日本経済新聞社）。東京圏に配置できなくなった生産機能を、東北に配置することで、東京圏は、より純化した機能（中枢管理機能）に特化できました。東京圏から排出したのは、工場だけではありません。原子力発電所もそうです。

このままでは「発展なき成長」ではなく、「発展なき衰退」へ移行することになりかねません。先ほど紹介した河北新報社の『むらの工場』でも、東北と九州の最も大きな違いは、国際物流であり、1994年に九州の輸出額（2兆9000億円で対全国比7・1％）は、東北の20倍になっている点に着目していました（203頁）。

2014年の九州（山口県と沖縄県を含む：門司税関による九州地方の定義）の輸出額は、7兆7282億円で、製造品出荷額等の対全国比を上回る10・6％になっています。東北地方（新潟県を除く：横浜税関による東北地方の定義）は6344億円で、九州の1／12にまで格差は縮まりました。しかし対全国比は、2004年と同じ0・9％にとどまっています。2000年代以降、東北地方のシェア上昇はみられません。2005年の2636億円から、2014年の4787億円にまで輸出額を増加させた北海道との差が縮まってきています。

グローバル地方創生の主役は政府である

改めて考えてみると、グローバル化は、地方自治体、地場企業、地域住民、物流事業者、航空会社、船会社だけでは対応できません。グローバル化を管理しているのは、日本政府だからです。いうまでもなく、「グローバル地方創生」政策の主役は、地方自治体ではなく政府です。

CIQ（Customs, Immigration, Quarantine：税関、出入国管理、検疫）、VISA、貿易交渉、外交、空港・港湾整備の権限を握っているのは政府です。TPPを締結するのも、EU基準の高度な衛生管理体制の漁港を整備するのも、税関の職員を増やすのも（2015年はかなり増員されました）、VISAを緩和するのも、高度外国人人材を認定するのも、空港・港湾を建設するのも、国管理の空港の着陸料を引き下げるのも、民泊を許可するのも、GI（地理的表示）を認定するのも、国立公園にホテル建設を許可するのも、空港にビジネス客の「ファーストレーン（優先レーン）」を設置するのも、地図記号を外国人にもわかりやすくするのも、ロシア、中国から新千歳空港への就航規制を解除するのも、神戸空港への国際線就航を許可するのも、すべて政府の役割です。

政府ではありませんが、高速道路やJRの駅に番号をつけて、外国人にわかりやすくするのは、東日本高速道路株式会社やJRなどの「公的な」企業の仕事です。

2016年2月、外務省は、ベトナムとインドに対して、日本に何度も入国できる数次査証の発行を緩和すると発表しました。国土交通省はようやく、訪日外国人のために高速道路に路線番号を割り振る方針を固めました。

繰り返しになりますが、農林水産省もTPP交渉を契機として、ようやく外国との農林水産物の輸出交渉を開始しました。オーストラリアにも玄米の輸出ができるようになりました。これまで、検疫や使用する農薬の違いなどによって、日本の農作物の輸出はさまざまな制約を受けてきました。農林水産物の輸出が増加しているといっても、すでにみたように、内実はホタテやサバなどの海産物とソース、ウイスキー、日本酒などの加工食品なのです。

グローバル地方創生は、まず政府が率先してやらなければならない「地方創生」です。

第3章

第3極世界都市の時代が来た

東京だけのグローバル化

ここでグローバル化の進展について簡単にみておきたいと思います。１９７０年の日本人の出国者数は、96万人にすぎませんでした。１ドル３６０円の時代です。それが、円高と日本国民の１人当たり所得の上昇とともに、１９８５年には４９５万人に、そして２０００年には１７８２万人にまで増加します。これまでの最高は、２０１２年の１８４９万人です。

１９８０年代は、日本社会、日本企業、日本人にとって、本格的グローバル化への幕開けの時代でした。１９８０年代から90年代にかけてのグローバリゼーションの潮流をまず受け止めたのは、東京圏です。成田空港、横浜港、東京港が整備されており、国際人流、国際物流は、東京圏の空港、港湾を核として流動したからです。当初滑走路１本でしたが、成田空港が開港したのは、１９７８年でした。そのため、１９８０年代のグローバル化に間に合いました。

今ではスカイプやＬＩＮＥを利用して、無料（固定費を別として）で通話できる国際電話（しかもテレビ電話）ですが、１９８０年代や90年代の国際電話料金は、国内電話料金と比較して非常に高いものでした。海外旅行の際の悩みの種は、国際電話料金の高さでした。ホテルの部屋から自宅にかけた電話料金が宿泊代と変わらないということもありました。

中国の改革開放政策が動き出したのも、1980年代です。1980年にはシンセン、アモイなど5地域が、1984年には大連、青島、上海、広州など沿岸部の14都市が外資に開放されます。1989年の天安門事件で一時停滞を余儀なくされますが、90年代には外資の進出も加速し、中国経済は、外資系企業に依存した沿岸部中心の高度経済成長へと移行していきました。

80年代から90年代は、日本の工業化時代の終焉、円安から円高へ、中国の台頭、日本企業の多国籍企業化、海外進出の急増という経済社会環境の状況下において、内需拡大のために、日銀による公定歩合の引き下げが実施されました。その結果、東京一極集中とバブルの発生が同時に生じます。**グローバル化を東京圏でしか受け止められなかったことが、バブルの規模と傷の双方を拡大してしまいました。**

バブルの引き金となった世界都市化

1980年代のグローバル化の進展を受けて、1987年の4全総（第四次全国総合開発計画）は、東京を世界都市と位置づけ、他の大都市や地域と明確な差別化を図ろうとします。4全総では、「特に、東京圏は、環太平洋地域の拠点として、また世界の中枢都市の一つとして、国際金融、国際情報をはじめとして、世界的規模、水準の都市機能（世界都市機能）の大きな集積が予想され、世界的な交流の場としての役割が増大する」（5頁）と記述されています。

3全総までの国土計画の理念であった「国土の均衡ある発展」という理念は、転換を余儀なくされます（文言はきわめて慎重に記述されていますので、理念の転換はわかりにくいのですが）。大平内閣の田園都市構想（内閣官房［1980］『田園都市国家の構想』大蔵省印刷局）を基盤とした3全総は、理想論的すぎ、現実的ではなかったという問題もありました。

そして、東京都がニューヨーク行政研究所に委託した調査の報告書［1989］『世界都市東京の創造』NIRA研究叢書（880031）に世間の注目が集まります。

経済企画庁総合計画局も、同年、［1989］『東京の世界都市化と地域の活性化』（大蔵省印刷局）を出版します。経済企画庁の報告書では、「我が国及び東京の経済ポテンシャルと比較して、東京の世界都市化のための条件整備は十分であるとはいいがたく」（7頁）、国際金融センターの強化、インテリジェントオフィスの供給（最近この用語はあまり見かけませんが）、高度情報通信網の整備、国際ネットワークの機能向上の必要性を強く訴えていました。

東京だけでグローバル化の潮流を受け止めようとしたため、東京の世界都市化戦略＋内需拡大のための金融緩和＋過大なオフィス需要予測＝東京一極集中とバブルの発生へとつながっていきます。1980年代後半は、今から思えば、バブル経済発生の前提条件が整いすぎていました。1980年代は、年齢別で最も人口の多い団塊の世代が住宅を購入する時期でもあったのです。

乗り遅れた大阪と名古屋

日本経済はバブル崩壊以降、20年以上のデフレ経済に陥りました。それでも東京は、ニューヨーク、ロンドン、パリと並ぶ第1級世界都市としてのポジションを維持し続けています。それに対して、大阪と名古屋の世界都市ランキングは、上昇していません。森記念財団の世界都市総合力ランキング40都市には大阪は含まれていますが、名古屋は含まれていません。その大阪も、2011年の15位から2015年の24位と順位を落としています。2011年から2015年の在留外国人数の伸び率でみると、大阪府、兵庫県、京都府、愛知県は、全国平均以下の伸び率です。東京と異なり、高度外国人人材を惹き付けられていません。

大阪と名古屋をランキングの対象としない世界都市ランキングも少なくありません。3大都市圏としてひとくくりにして捉えられてきた東京圏、関西圏、中京圏ですが、グローバル化への対応力の差によって、1980年代以降、東京圏と他の2大都市圏の間には大きな格差が生じました。

関西国際空港が開港するのは、1994年9月4日です。バブル崩壊後でした。1990年に大阪で開催された「国際花と緑の博覧会」には間に合いませんでした。滑走路1本の空港建設に約1兆5000億円かかったとされています。関西は、1970年に大阪万国博覧会を開催し、成功させますが、1980年代から始まったグローバリゼーションの潮流を関西で受け止めることに失敗しました。大阪本社企業の東京への本社移転は、1970年頃から活発化していきます。大阪万国博覧会が開催された1970年は、東京と大阪という日本の国土の「**二眼レフ構造**」が崩れ始めた、関西衰退元年です。

関西第2空港の構想が閣議了承されたのは、1963年でした。そこから建設地点決定を巡る論争、伊丹空港との機能分担や騒音問題、漁業補償問題等の紆余曲折があり、構想から30年後の開港となったのです。その間、電力、ガス、鉄道、流通などの地域企業を除く主要企業の多くは、東京に本社機能を移転させ、このことが東京一極集中の最大の要因となりました。**東京一極集中を生み出した最大の要因は、地方からの人口流出ではありません。関西企業（とくに大阪本社企業）の東京への本社機能移転です。**

1990年には、東京都港区、千代田区、中央区に次いで、国内4位149社だった大阪市の外資系企業本社数は、2014年には8位の84社にまで減少しています。上位30地域の

なかで最も高い減少率（47・1％）になっています（東洋経済『外資系企業総覧』編集部調べ）。

帝国データバンクの144万社を対象とした調査では、都道府県順位では、2013年時点で大阪府に本社を置く外資系企業数は150社で、東京都の2249社、神奈川県の280社に次いで3位ですが、東京都の6・7％にすぎません。

中部国際空港の開港は、関空よりもさらに遅い2005年です。東京、大阪に新幹線で移動できるという地理的優位性に甘え、名古屋財界は、空港や港湾の建設に消極的でした。2005年の愛知万国博覧会（奇妙な一致ですが、ここでも万国博覧会です）の開催に合わせて開港しましたが、2005年に記録した1200万人という乗降客数を2015年まで、一度も上回っていません。中部国際空港の乗降客数は、福岡空港、新千歳空港、那覇空港をも下回っています。

海外の第2級世界都市の魅力

日本の第2の都市大阪や第3の都市名古屋は、米国第2の都市であるロサンゼルスや第3

写真3．ミュンヘン市中心部からアルプスを望む

（出所）© München Tourismus, Rudolf Sterflinger

の都市のシカゴのような国際的なプレゼンスを持っていません。日本と同等の国土面積と約7割の人口規模のドイツにおいても、首都ベルリン以外に、ハンブルグ、フランクフルト、ミュンヘンといった世界都市が存在しています。

ミュンヘンは、ドイツの南端に位置しており、人口も福岡とほぼ同じです。ミュンヘンの旧空港は都心から9㎞のところにありました。空港面積は、福岡空港と同じ350haでした。

アクセスに便利な空港でしたが、航空機の墜落事故（この事故で、イングランドのサッカー代表チームが全員亡くなりました）もありました。事故のこともあり、郊外に移転し、1992年に市中心部から28㎞離れ、4000m滑走路2本を有する新空港（ミュンヘンⅡ）が開港しました。

乗降客数は、1990年の1142万人から2007年には3396万人（ドイツ2位、ヨーロッパ7位）にまで増加しています。2015年には4098万人、発着回数38万回にまで伸びています。貨物取扱量は33万6162tで、福岡空港の6倍以上になっています。

ミュンヘンⅡは、ドイツ国内20路線、海外293路線（内ヨーロッパ内189路線）と結ばれています。福岡空港は、国内線は26路線で、ミュンヘンⅡを上回っていますが、国際線は20路線しかなく、とても比較対象になりません。日本最大の国際線ネットワークを有する成田空港ですら、国内17路線、国際線106路線にすぎないのです。

ミュンヘンⅡの現在の面積は、1618haです。急増する国際便に対応するために、第3滑走路の建設が必要という意見も出ているようです。2016年4月には新サテライトがオープンし、さらに1100万人の旅客の受入が可能となります。

ミュンヘンⅡには、国際列車が入っており、オーストリアと直結しています。また、イギリスのSKYTRAX社のランキングで、2006年にヨーロッパ1の空港に選ばれています。2015年もヨーロッパ1位（世界3位）でした。2015年の世界1位は、シンガポールのチャンギ空港、2位は韓国の仁川国際空港、4位は香港国際空港、5位は東京国際空港です。ミュンヘンⅡは、中部国際空港（愛知県常滑市：世界ランキング7位）の姉妹空港です。

4000mの滑走路を利用しなければならないような大型航空機は、ほとんど来ていません。発着回数の多さからみても、それは明らかです。環境対策のため、逆噴射をさせないために、4000mの滑走路が整備されています。1979年に新空港建設が計画決定されたあとに、5724件もの訴訟が起こされました（林良嗣・田村亨・屋井鉄雄共著［1995］『空港整備と環境づくり』鹿島出版会、28頁）。しかし、20年近い時間をかけて、裁判や話し合いによって解決されました。

ミュンヘンの古い空港跡地には、メッセが建設されており、国際会議や国際展示の新しい拠点となっています。

実は、海上に建設を計画していた「新福岡空港」のモデルは、ミュンヘンⅡでした。筆者は、2度現地調査に出かけたのですが、1回目に行ったときは、「福岡空港ってどこにあるの？」と聞かれました。また、「福岡空港の旅客数の方がミュンヘンⅡよりも多いんですよ」と言うと、驚かれました。

2回目に訪問したときには、筆者の顔を見るなり、「福岡空港を抜いたよ」とにやりと笑われました。今では年間旅客数で2000万人近い差をつけられてしまっています。すでに見たように、路線数では、とても比較対象とはいえないほどの差がついています。

ミュンヘンⅡは、世界3位でしたが、福岡空港の2015年の世界ランキングは、93位でした。

ここが非常に重要な点です。ヨーロッパの都市は、コミュニティ重視だといわれますが、同時に強いグローバル志向を持っているのです。

広井良典氏は、ミュンヘンを「歩いて楽しい都市」であり、「福祉都市 Welfare City」として写真付で紹介しています（広井良典［2013］『人口減少社会という希望』朝日新聞出版、91頁）。そのミュンヘンの街の活気を支えているのは、急速に進展したグローバリゼーションです。ミュンヘンは、世界都市なのです。

大阪、名古屋という日本の第2級世界都市は、東京という突出した第1級世界都市と福岡のような第3極の都市の間に挟まれて、その存在感を弱めています。コンテナ貨物取扱量や貿易額ではまだまだ敵いませんが、4章に書いているように、国際会議の開催件数、クルーズ船寄港数、港からの入国者数、外国人居住者数の伸び率では、福岡市の方が大阪市や名古屋市を上回っています。空港の国際線旅客数においても、2015年は福岡空港が中部国際空港に大きく近づきました（福岡空港435万7009人、中部国際空港469万9296人）。

大阪市や名古屋市の地盤沈下も心配ですが、とくに心配なのは、関西圏の国際機能の一翼を担ってきた神戸市の衰退です。

1980年に神戸港のコンテナ貨物取扱量は、世界第3位でした。2014年には、何と世界56位までランキングを低下させています。神戸港の2015年上期のコンテナ取扱量は、135万個となり、阪神淡路大震災以降で最高となりました。しかし、神戸港の貿易量が低迷している間に、海外の港湾は、着実にコンテナ貨物取扱量を増やしています。2016年のランキングは、おそらくさらに低下しているでしょう。

兵庫県や神戸市の人口減少は、神戸市がかつて有していた国際港湾機能を喪失していることが影響しています。神戸港の担っていた国際港湾機能の低下を、神戸空港のグローバル化で補えればいいのですが。神戸空港には、国際線が1便も就航していません。

国土交通省が関西国際空港支援のために、神戸空港への国際線の就航規制を行っているようなのです。地方管理空港で国際線が認められていないのは、神戸空港だけです。国際定期便のみならず、国際チャーター便すら認められていません。佐賀空港では、貨物便のために深夜枠が許可されていますが、神戸空港は22時までとなっています。

関西国際空港の国際便は、近年急増しています。そろそろ神戸空港を自由にしてあげていいのではないでしょうか。羽田空港も国際化しました。これから、羽田空港へのアクセス線も複数整備されるようです。茨城空港にも、国際線が就航しています。いまでは関東地方には、国際空港が3つあります。静岡空港の国際線も増えています。インバウンド6000万人の実現には、神戸空港の国際線への参画が求められます。

神戸空港を拠点空港の一つとしていた、スカイマークの民事再生手続きは終わりました。2016年4月でも、神戸空港発の26便中、18便はスカイマークです。スカイマークは、2018年度までに国際チャーター便就航を目指すとしています。機材にも余裕のあるスカイマークに、国際チャーター便を神戸空港から飛ばすよう働きかけてもいいのではないでしょうか。

神戸市内（三宮）から関空へのアクセスは、鉄道では乗り換えがあり、時間もかかるため、リムジンバスが中心になっています。佐賀空港、静岡空港、茨城空港ですら、国際便が就航しているのです。神戸空港にも国際線を就航させるべきです。

東洋経済『外資系企業総覧』編集部の調査によると、神戸市に本社を置く外資系企業は、1990年の42社から65社へと増えています。しかし、神戸医療産業都市に関連したベンチャー系の進出が多いため、雇用効果は小さいのでないかと考えられます。帝国データバンクの調査では、2013年に兵庫県の外資系企業数は57社で、愛知県に次ぐ5位でした。

ただし、都市地理学の大家である、愛知教育大学名誉教授の阿部和俊氏は、主要都市における大企業の支店数ランキングで、1950年には6位だった神戸市が、2000年には10位、2005年には11位、そして2010年には、さいたま市、静岡市、新潟市、金沢市に抜かれ、14位にまで下落していることを明らかにしています。港湾機能の低下と支店機能の衰退にも、何らかの関係があると思われます。

関空へのアクセスが悪いため、神戸の商業施設は、外国人観光客の爆買いの効果を享受できていません。三菱UFJリサーチ&コンサルティングの推計によると、関西での爆買いの58%は大阪府、27%は京都府で行われており、兵庫県は8・7%にすぎません。大丸心斎橋店の売上げの19・6%が外国人観光客による売上げですが、大丸神戸店では1・9%にとどまっています(『神戸新聞NEXT』2016年3月27日)。

神戸市の国際会議開催件数は、2011年、2012年はともに全国6位でした。2013年には8位となり、2014年には札幌市に抜かれ、9位(82件)になりました(JNTO調べ)。東京、大阪、名古屋、大阪、神戸、札幌、仙台、広島、福岡、北九州のなかで、2010年から2014年にかけて、国際会議の開催件数の減少した都市は、神戸市だけです。県単位でみても、福岡県で開催された国際会議の件数は、2007年の194件から2014年の411件へと217件増加しましたが、兵庫県の国際会議開催件数は、同期間に124件から100件へと24件減少しています。

人口流出地域への転落

経済のグローバル化の急速な進展にうまく対応できず、世界都市化の遅れた大阪市(大阪圏）と名古屋市（中京圏）は、国内の都市システムにおけるポジションだけでなく、グローバル・ポジションも低下させています。3大都市圏への人口・産業の集中は過去のものとなり、1980年以降のグローバル時代において、人口・経済・企業の東京一極集中が加速することになったのです。

その結果1975年以降、関西圏は地方圏から人口を吸引する都市圏としての機能を停止し、人口を流出させる地域へ移行します。

表1をご覧ください。2015年、大阪府を除く1府4県はすべて社会減です。兵庫県は、北海道に次ぐ全国2位の人口社会減（7409人）を記録しました。

2015年の関西（2府4県）の社会減は、東北地方の2万8524人、九州の2万21人よりも少ないものの、四国4県の7889人、中国5県の1万1605人よりも多い1万5321人となっています。

2015年、愛知県は8322人の社会増でした。しかし、岐阜県、三重県、静岡県を加えた東海4県でみると、7296人の人口社会減です。

今や関西も、東海も、東京圏への一大人口流出地域です。

表 1. 人口の社会増減

2014年			2015年		
1位	東京都	73,280人	1位	東京都	81,696人
2位	埼玉県	14,909人	2位	埼玉県	13,528人
3位	神奈川県	12,855人	2位	神奈川県	13,528人
4位	千葉県	8,364人	4位	千葉県	10,605人
5位	愛知県	6,190人	5位	愛知県	8,322人
6位	福岡県	3,900人	6位	福岡県	3,603人
7位	宮城県	2437人	7位	大阪府	2,296人
8位	沖縄県	−87人	8位	沖縄県	16人
⋮			⋮		
40位	鹿児島県	−4,559人	40位	岐阜県	−5,194人
41位	茨城県	−4,849人	41位	鹿児島県	−5,298人
42位	新潟県	−5,518人	42位	長崎県	−5,848人
43位	長崎県	−5,853人	43位	静岡県	−6,206人
44位	青森県	−6,460人	44位	青森県	−6,560人
45位	兵庫県	−7,092人	45位	新潟県	−6,735人
46位	静岡県	−7,240人	46位	兵庫県	−7,409人
47位	北海道	−8,942人	47位	北海道	−8,862人

（出所）総務省「住民基本台帳人口移動報告」。

インバウンドで関西再生

２０１５年、大阪府の人口は、２０１４年の３９１人の社会減から２２９６人の社会増に転化しました。京都府の社会減も、１１７４人から２７９人にまで減少しています。その背景に、大阪、京都へのインバウンドの急増や中国人観光客の爆買があることはまちがいありません。ただし、大阪府は２０１０年から自然減となっており、２０１３年からは１万人を超える自然減ですので、大阪府の人口は減少傾向にあります。

インバウンドの波及効果が兵庫県に及んでいない点は気がかりです。表1からわかるように、兵庫県の人口社会減は、２０１４年の７０９２人から２０１５年には７４０９人に増大しています。

資生堂は、日本製化粧品の売り上げ増加を受けて、国内の工場を37年ぶりに大阪府茨木市に建設することを公表しました。外国人観光客の日本国内での商品購入が、帰国後の新しい需要につながり始めています。化粧品、日用品の国内需要も人口減少にともなって減少していますが、化粧品や日用品におけるMade in Japan製品人気は、日本国内での工業生産にも好影響を与えています。

２０１５年の関西国際空港の外国人旅客数は59％の増加で、１００１万人になりました。国内線を加えると、２３２１万人（過去最高）です。２００９年の１３５２万人から９６９万人の増加です。

関空は、中国、韓国、香港からの入国者数については、成田空港を上回って全国1位になったようです。筆者は、２００６年度に関西国際空港二期計画策定委員会委員として、関空へのＬＣＣの誘致、ＬＣＣ用ターミナルビルの建設を提案しましたが、10年を経てそれらが実現し、うれしい限りです。２０１５年度の関空単体の営業利益は４６０億円で、成田の４３３億円を上回りました。

２０１６年2月、関西経済団体連合会から、北陸新幹線の関空までの延伸という野心的な提案がなされたようです。ＪＲ西日本の反対もあり、実現は困難でしょう。しかし、歓迎したいと思います。前著でも指摘したように、空港と高速鉄道の連結は、日本の空港の課題だからです。

また、関空は、ＰＰＰ（Public-Private Partnership：官民連携）により、関西エアポートが運営することになりました。フランスの空港運営会社であるヴァンシ・エアポートとオリックスにより設立された会社です。年間約４９０億円を44年間、新関西国際空港に支払う契約ですが、黒字化は十分可能です。関西エアポートは、２０６０年に売上高と旅客数を70％増加させる計画です。国内線は人口減少で減少しますので、国際線の旅客数を３倍程度にすることになります。

世界で25空港を運営しているフランス企業の空港運営ノウハウの注入は、アジア便の増大している関空に新しい風を吹かせるにちがいありません。伊丹空港の再国際化や神戸空港の国際化にも期待したいところです。

日本経済新聞社の調査によると、大阪市内の主要12ホテルの２０１５年の平均客室稼働率は、90・４％となり、東京の主要ホテルの稼働率を上回りました。内閣府の調査でも、ホテルの稼働率１位は大阪府で88・１％でした。２位は京都府の86・２％、３位は愛知県で83・３％です。大阪市内や京都市内では、ホテルの改装だけでなく、新しいホテルの建設も増えています。

建築規制が厳しく、ホテル・旅館の客室数が全国一少ない奈良県においても、ようやく「JWマリオット」などの高級ホテルが建設されることが決まりました。

２０１６年の公示地価の上昇率では、大阪府が４・２％で全国１位になりました。爆買が目立つ大阪市中央区心斎橋商店街では、地価の上昇率が45・１％で、こちらも商業地で全国１位の上昇率でした。

特許庁、中小企業庁の大阪府移転、観光庁の兵庫県への移転は見送りになりましたが、数年以内の文化庁の京都への全面移転は決定しています。

第4章

海に開かれた
アジアの交流拠点都市：福岡

1980年代から始まった福岡のアジア戦略

すでに述べたように、1980年代は日本のグローバル化が本格化し始めた時期です。1986年に福岡市長に当選した桑原敬一氏（元労働事務次官）のキャッチフレーズは、「海に開かれたアジアの交流拠点都市づくり」でした。その当時、福岡空港の国際線の便数や、博多港のコンテナ取扱貨物量はまだ少なく、「アジアの交流拠点都市」という構想は、当時市民に「眉唾」として受け止められていたように思います。

しかし、福岡市は、市民のアジアへの関心を高めるために、1989年にシーサイドももち地区（埋立地：写真4）で開催したアジア太平洋博覧会の開催を契機として、福岡アジア文化賞、アジア太平洋こども会議・イン福岡、福岡アジア太平洋センター、アジアマンス、アジアフォーカス・福岡国際映画祭、福岡アジア美術館、アジア・フィルム・ライブラリー（福岡市図書館に併設）、福岡よかトピア記念国際財団（現：福岡よかトピア国際交流財団）など、アジア絡みの、思いつく事業を矢継ぎ早に実施します。福岡アジア文化賞は、その多彩な受賞者の顔ぶれもあり、世界的に評価されるようになっています。

写真４．福岡市シーサイドももち上空

（出所）福岡市（撮影者：Fumio Hashimoto）

アジア太平洋こども会議・イン福岡は、１９８８年から開始されています。アジア太平洋の30を超える国から、約２００名の11歳の子供たちを福岡に招待しています。日本の子供たちも、２０１５年には２０１名、海外に送り出しています。

近年は、立派な青年になった海外の同窓生との新しいつながりを築くための、ブリッジ事業も始まっています。詳しくは、ＮＰＯ法人アジア太平洋こども会議・イン福岡のＨＰをご覧ください。これまで多くの市民が、この事業でホストファミリーとなりました。福岡とアジアとの間に、人的な「ゆるい紐帯」が形成されてきたといえます。継続は力なりです。

1991年、JR九州の高速船ビートルⅡ世（博多港─釜山港）の就航に尽力したのも、桑原市長でした。

アジアNo・1都市福岡の誕生

写真5をご覧ください。1997年、香港の雑誌『アジアウィーク』で、福岡はアジアで最も住みやすい都市1位に選出されます。実は、福岡は1996年まで、調査対象都市ではなかったのです。

余談ですが、アジア1位の都市に選出された直後に、市長室で桑原市長にお会いしました。市長がうれしそうに「アジアウィーク50部購入したよ」とおっしゃったので、「市長、1万部購入しましょう。アジア1位になるなんて、二度とないかもしれませんよ」と申し上げたのですが、1999年、2000年もアジア1位に選ばれました。市長からは、私の元にリプリント版が50冊送られてきましたので、かなりたくさん買われたのではないかと思います。

筆者は、2001年から福岡市国際化推進懇談会会長として、桑原市長が展開されてきた

写真5．FUKUOKAをアジア最高の都市に選出

（出所）*Asia Week*, 1997年12月号、p.38。

イベント主義からの脱却を提言しました。また、新しいグローバル化戦略と数値目標（当時はＫＰＩという用語はありませんでした）の策定に携わりました。

行政主導のイベントやお祭りによる意図的な盛り上げの段階は終わり、行政、大学、民間、ＮＰＯ、市民による多様なグローバル化の進展への展開が始まっていたために、イベントの見直しや縮小を提案することができたのです。決して尻すぼみの撤退や退却ではなく、行政主導のグローバル化段階が終わったことを意味していました。

福岡市国際化推進計画の成果

２００３年に発行した福岡市国際化推進計画は、２０１５年を目標年次として成果指標を定めました。留学生数の目標値は３０００人でしたが、２０１４年に７５００人を超えました。博多港外航旅客者数の目標80万人に対して、２０１４年に86・６万人を達成しています。博多港と福岡空港の貿易額の目標は２・65兆円でしたが、２０１４年に４兆円を記録しました（門司税関平成26年 福岡空港支署貿易概況）。

外国人延宿泊者数の目標60万人は、２０１４年の１２０万人に、国際会議件数は目標２２０件に対して、２０１４年に３３６件を達成しています。国際会議件数は、１９９１年の全国８位から２０１４年には、東京都に次ぐ全国２位になっています。

海上コンテナ貨物は、20フィートコンテナを１個、40フィートコンテナを２個と換算するＴＥＵ（twenty-foot equivalent unit：20フィート換算）という単位で数えます。博多港の国際海上コンテナ取扱個数は、２０１５年目標の１００万ＴＥＵに届かず、87万ＴＥＵでした。それでも基準年である２００１年の53万ＴＥＵと比較すると、着実に増加しています。

1993年は20万TEUにすぎませんでした。

正直に言えば、当時かなり野心的な目標を設定したつもりだったのですが、計画策定に携わった者としては、うれしい意味で「想定外」の結果となりました。

グローバル地方都市・福岡

福岡市は、第1次産業、第2次産業が少なく、第3次産業中心の都市です。福岡市の第3次産業化比率は、工場を中国南部にシフトさせて世界の金融・貿易のセンターとなった香港の94・1％に匹敵する91・4％です（2013年）。日本の政令指定都市20都市のなかで、最も高い第3次産業化比率となっています。

福岡市は、「支店経済都市」として比較対象とされる札幌、仙台、広島、福岡の4つの地方中枢都市（すべて政令指定都市です）のなかで、最もグローバル化の進んだ都市になりました。福岡は、4つの地方中枢都市のなかで頭一つ抜け出して、東京、大阪、名古屋、福岡という新しい4大都市というポジションに移行しているようです。このことは、働く世代に高く評価されています。

働く世代2万人が評価する「活力ある都市ランキング」によると、福岡市は5位、札幌市は13位、仙台市は20位で、広島市は94位でした。福岡のすごさは、福岡市だけでなく、福岡都市圏である大野城市が2位、春日市と鳥栖市が27位、北九州市が38位、筑紫野市が79位に入っていることです。上位100都市には、北海道は札幌市のみ、東北は仙台市のみのランクインです。沖縄県は、浦添市29位と那覇市35位の2都市がランクインしています（「活力ある都市ランキング」『日経ビジネス』2016年1月25日号）。

人口の社会増加率、事業所数、公示地価等の8指標をもとに算出した『ダイヤモンド』の「勢いのある街」ランキングによると、福岡市40位（政令指定都市では、名古屋市に次いで2位）、仙台市44位、広島市103位、札幌市160位となっています。

那覇市は135位でしたが、沖縄県から11市町村がランクインしており、宮城県の9、福岡県の6、北海道と広島県の2を上回っているのが目に付きます。宮城県は、震災の被災地もランクインしており、復興需要による人口流入と公示地価上昇という特殊要因が効いているようです。

主要17都市圏を対象とした、10％通勤圏の人口密度では、福岡は、東京、大阪に次ぐ3位、広島8位、仙台9位、札幌10位でした。人口密度でみると、福岡都市圏の2020人／㎢と

表2. コンテナ取扱個数（TEU、外貿＋内貿）：2014年

博多港	975,244	広島港	225,949
那覇港	504,397	仙台塩釜	214,492
北九州港	484,948	伊万里港	53,790
苫小牧港	322,148		

（出所）国土交通省港湾局［2015］『数字でみる港湾　2015』日本港湾協会。

札幌都市圏736人/km²の間には、大きな差があります（『ダイヤモンド』2016年3月26日号）。

表2にあるように、コンテナ貨物取扱個数は、博多港＞苫小牧港＋広島港＋仙台塩釜港となっています。しかも、博多港の近隣には、北九州港と佐賀県の伊万里港があり、それらを合計すると151万TEUになります。下関港と大分港まで含めると、161万TEUです。

3大都市圏のコンテナ貨物は、東京湾、伊勢湾、大阪湾に集中しています。博多港の比率は上昇傾向にありますが、九州・山口では博多湾一極集中構造にはなっていません。

港湾の貿易額でみても、博多港は地方中枢都市（およびその周辺の港湾で1位です。しかも、博多港の隣には、ほぼ同じ貿易額を扱っている北九州港もあります。博多港には、鉄鉱石、石炭、石灰石などの原材料はあまり入ってきませんので（原油、天然ガスを除く）、他の3つの地方中枢都市の港湾との差は小さくなっています。工業原料

表3．港湾別貿易額（2014年）

博多港	2兆7,660億円	福岡空港	8,011億円
北九州港	2兆2,446億円	那覇空港	637億円
広島港	1兆2,669億円	新千歳空港	486億円
苫小牧港	1兆131億円	仙台空港	115億円
仙台塩釜港	1兆105億円	広島空港	19億円

（出所）財務省「積卸港別貿易表（平成26年　確定値）」。

は、北九州港に輸入されています。

福岡空港の国際航空貨物取扱量は、近年減少傾向にあります。それでも表3から明らかなように、空港の貿易額は、新千歳空港＋仙台空港＋広島空港の3つの空港を合計しても、福岡空港の10％以下にすぎません。

福岡空港の国際航空貨物が減少しているのは、24時間空港である羽田空港の再国際化や関西国際空港の国際便の増加、後に取り上げるANAの沖縄貨物ハブ事業の進展にともなって、国際貨物の一部が他空港に奪われているためだと思われます。福岡空港には、2800mの滑走路が一本しかなく、運用時間は1日15時間に制限されています。深夜に貨物便を運航できないという点も、航空貨物の集荷力にはマイナスに作用しています。福岡空港の欠点を補うために、ANAは、深夜の貨物便を佐賀空港から飛ばすようになりました。

福岡空港の国際線旅客数は、２００５年の２２０万人から２０１５年の４３６万人へと、ほぼ倍増しました。すでに２０１３年に、１本の滑走路で、１日15時間で処理できる年間発着枠の上限である年間16・４万回をオーバーしています。

福岡空港では、２０１９年度をめどに運営権を売却（民営化）し、その売却益を滑走路増設費にあてる計画が進められていますが、空港のキャパシティ不足は当面継続する恐れがあります。２本目の滑走路（２５００ｍ）は２０１６年度から工事が開始され、運用開始となるのは、２０２５年３月31日の予定です。

４つの地方中枢都市との比較だけではなく、３大都市圏の都市と比較しても、グローバル化指標では負けていない項目もあります。たとえば、港から入国してくる外国人の入国者数は、博多港が全国１位です。

２０１５年のクルーズ船寄港数は、12年連続で日本１位であった横浜港を抜いて、博多港が２５９回で全国１位になりました。２位の長崎港は１３１回、３位の横浜港は１２５回、４位の那覇港は１１５回、５位の神戸港は97回でした。６位石垣港（沖縄県）、７位鹿児島港、８位佐世保港、９位名古屋港、10位広島港となっています（『博多っ子通信』Ｎｏ・25、平成28年春号、４頁）。２０１６年の博多港へのクルーズ船寄港予定回数は、熊本地震の影

写真６・博多港に入港した大型クルーズ船（ボイジャー・オブ・ザ・シーズ）

（出所）まるごと福岡・博多より。

響が危惧されますが、約４００回と見込まれています。

福岡市は、クルーズ船寄港数の急増に対応するために、中央埠頭の再整備を行うことにしました。北側の13haを埋め立て、岸壁を延長して、大型クルーズ船２隻が同時に接岸できるようにすると同時に、商業施設、空中歩道も整備する方針を明らかにしました。中央埠頭65ha全体の再開発には、20年から30年近くかかる見込みです。

クルーズ船世界2位のアメリカのロイヤル・カリビアン・クルーズは、２０１８年に世界最大級のオアシス級と呼ばれている22万トンのクルーズ船を

表4. 国際会議の開催件数（2014年）

1位	東京都	543件	6位	大阪市	130件
2位	福岡市	336件	7位	千里地区	106件
3位	京都市	202件	8位	札幌市	101件
4位	横浜市	200件	9位	神戸市	82件
5位	名古屋市	163件			

（出所）JNTO「日本の国際会議開催件数」2015年9月29日。

日本に投入する予定ですが、日本には２０１６年３月時点で受け入れ可能な港がありません。熊本県の八代港が受け入れ体制を整備する予定になっています。

羽田空港や成田空港の整備をみてもそうですが、どうも日本という国は、長期的観点からインフラを整備するのが苦手で、不足→整備、不足→整備という、後手後手の対応をするのが好きな国のようです。

表4から明らかなように、福岡市の国際会議の開催件数は、東京都についで第2位です。6年連続の2位です。２０１８年の目標値が３００件でしたので、２０１４年にその目標値を上回りました。福岡市は、２０１３年に観光庁からグローバルＭＩＣＥ戦略都市に指定されています。

なお、２０１６年６月には、世界１４０カ国から３万５０００人が参加する「第99回ライオンズクラブ国際大会」が福岡市で開催されることになっています。また、２０２１年の世界水泳選手権が福岡で開催されることが、2016年1月にハンガリーのブダペストで開催された国際水泳連盟理事会で決定されました。カタールのドーハ、中国の南京との三つ巴の戦いでした。福岡市が国際会議や国際スポーツ大会誘致で有利に戦いを進めているのは、多様な世界都市ランキングに取り上げられ、一部のランキングでは上位に位置していることと関連していることはまちがいありません。

国際会議や国際スポーツ大会誘致においては、国内の地域で競い合うのではなく、海外の都市との競争にチャレンジする時代になりました。

政令指定都市で人口増加率1位

2015年国勢調査の速報では、福岡市の2015年10月1日時点の人口は153万8510人と神戸市（153万7860人）を抜き、政令指定都市で5番目になったと発表されました。

2010年から2015年にかけての人口増加数、人口増加率でいえば、政令指定都市20都市中、福岡市が1位です。1972年の福岡市の人口は、90万2718人で、現在の20の政令市のなかでは、10位でした。

表６にあるように、在留外国人増加数でみても、地方中枢都市のなかで福岡市が１位となっています。同期間に東京23区２万５８７５人、横浜市３７４９人、大阪市２３８４人、川崎市１９６６人、名古屋市１７１４人、神戸市７３５人も在留外国人が増えており、３大都市圏にも外国人が戻ってきていることがわかります。

実は、２０１２年から２０１３年にかけては、在留外国人増加数では、東京23区に次いで、福岡市が２位でした。この時期は第１章で指摘したように、福島原発事故の影響を受けた特

表5. 政令指定都市の人口増加率（2010年－2015年）

1位	福岡市	5.1%
（参考	東京23区	3.7%）
2位	川崎市	3.5%
3位	仙台市	3.5%
4位	さいたま市	3.4%
5位	札幌市	2.1%
6位	広島市	1.8%
7位	名古屋市	1.4%
8位	岡山市	1.4%
9位	千葉市	1.1%
10位	横浜市	1.0%
11位	大阪市	1.0%
12位	熊本市	0.9%
13位	相模原市	0.5%
14位	京都市	0.0%
15位	新潟市	−0.2%
16位	堺市	−0.2%
17位	浜松市	−0.3%
18位	神戸市	−0.4%
19位	静岡市	−1.5%
20位	北九州市	−1.5%

（出所）国勢調査。

表6. 地方中枢都市の在留外国人増加数（2014年6月－2015年6月）

1位	福岡市	1,350人（28,833人）
2位	仙台市	726人（10,615人）
参考	那覇市	637人（3,282人）
3位	広島市	536人（16,611人）
4位	札幌市	367人（10,076人）

（出所）法務省。（　）は、在留外国人の総数。

殊な時期です。その影響は、在留外国人増加数にも如実に現れていました。

帝国データバンクが独自に調査した「外資系企業動向調査」によると、外資系企業の本社は、東京都に2249社立地していますが、福岡県は、関東、東海、近畿以外の地方の県で唯一ベスト10入りしています（9位、25社）。

「名古屋飛ばし」から「大阪飛ばし」へ

1991年11月にJR東海の東京発朝一番ののぞみが、名古屋駅を通過するというダイヤを公表したことがありました。名古屋では、そのことが大変な話題となり、「名古屋飛ばし」という言葉が使用されるようになります。1992年3月14日から、名古屋駅と京都駅に停車しない、「のぞみ301号」の運転が開始されました。東京ドーム（1988年完成）に次ぐ国内二番目のドームである福岡ドーム（1993年完成）が、大阪ドーム（1997年完成）やナゴヤドーム（1997年完成）に先行したことも影響しました。

ソニーストアのように、東京、大阪、名古屋、福岡の順番で展開するのがやはり主流ですが、近年、東京の次は福岡に進出する企業も増えてきています。LINEもそうですし、きゃりーぱみゅぱみゅの所属している「アソビシステム」も2015年11月28日、東京以外の初めての拠点「アソビシステム福岡オフィス」を福岡に開設しました。

福岡市の天神西通りには、アメリカの高級ブランド「アバクロンビー&フィッチ」が、東京店に次ぐ国内第2店舗をオープンしました。同じく「マイケル・コース」も、2015年11月、国内では東京に次いで2番目の路面店を福岡にオープンしています。

世界に2店舗（イタリア本店と東京）にしかなかったイタリア・ナポリの「アンティーカビッツェリア　ダ　ミケーレ」も西通り近くの大名に進出しました。シドニー、ホノルル、ロンドン、東京圏（5店舗）に店舗を展開している、世界一の朝食としてパンケーキが有名な「ビルズ」も2016年に、福岡・中洲の水上公園に進出することを明らかにしました。

話は違いますが、福岡市のフレンチレストラン「ラ・メゾン・ドゥ・ラ・ナチュール・ゴウ」が、東京、京都以外のレストランとして、初めて「アジアのレストラン50」の31位に選ばれました。

多様化する福岡の外国人人材

福岡市の外国人登録者数は、2003年の1万8300人から2014年の2万7500人へと、9200人増加しました。2003年には、79％が中国、韓国・朝鮮籍でしたが、2014年には64％に低下しました。近年、ネパール、ベトナム、フィリピン人が増加しています。

廃止されましたが、福岡市の仮想区「カワイイ区」の第2代区長に就任したのは、カナダ人のミカエラ・ブレスウェートさんです。ミカエラさんは、ユーチューブで福岡の情報を英語で発信しており、世界的に注目を集めています。

ニューヨーク出身のブライアン・レイス氏は、2015年7月から福岡に移住し、須賀大介氏が主催する「福岡移住計画」のグローバル展開を企画しています。某英語教科書の主人公の10年後を描いた『Dark Horizon』の著者としても有名です。

図1．福岡市の国籍別外国人居住者数

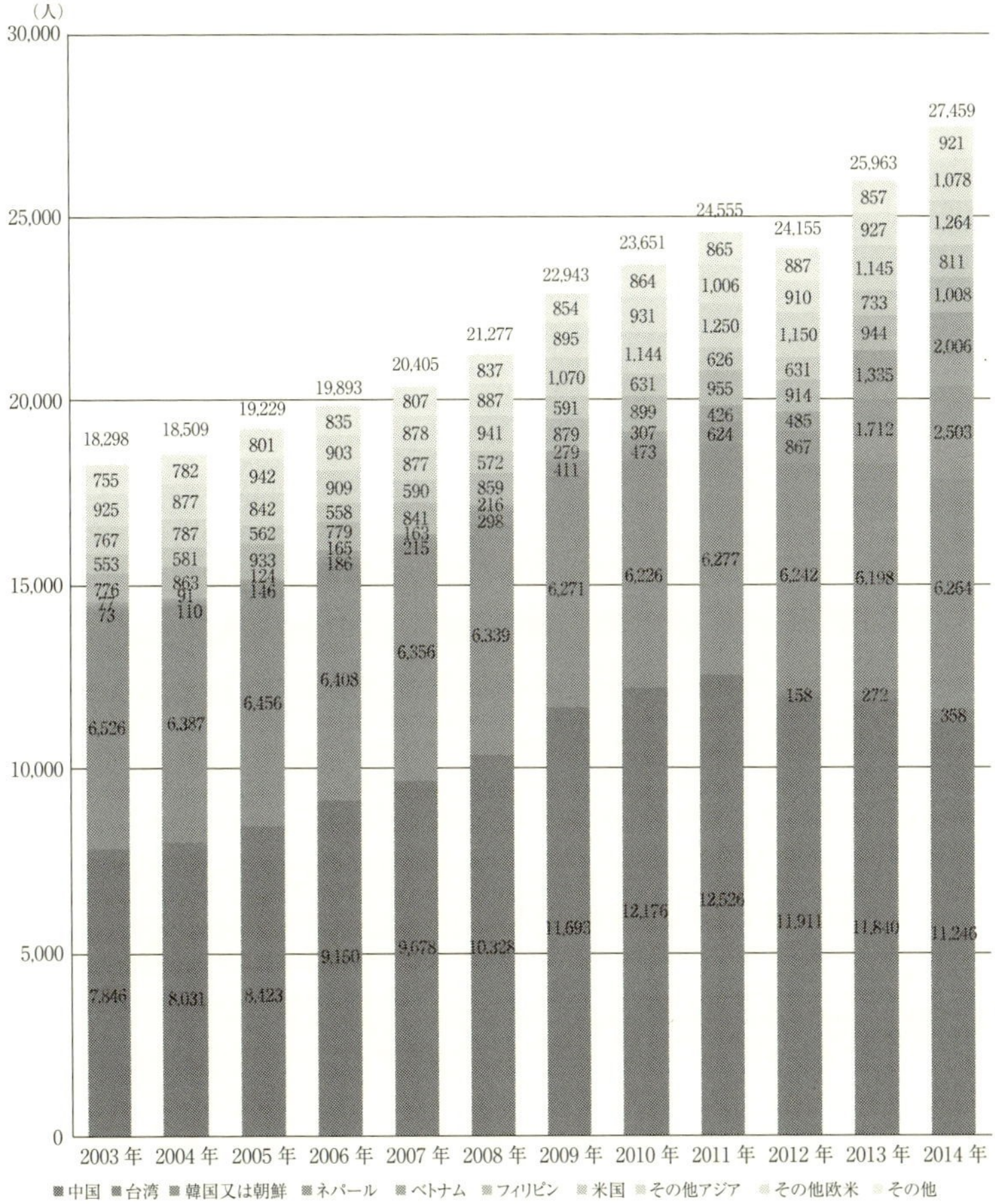

（出所）福岡市住民基本台帳。2011年以前は外国人登録者数。台湾は2012年からの数値。

英文の月刊情報誌『Fukuoka Now』の編集長をしているのは、トロント出身のニック・サーズ氏です。

訪日外国人の10％は福岡から入国

２０１５年の訪日外国人数は１９７３万人になりました。表7をご覧ください。２０１４年の港別外国人入国者数で4位の福岡空港と8位の博多港から入国した外国人数は、合わせて１０７万人でした。寄港地上陸許可（船舶、航空機の外国人乗務員）も含めると１２０万人です。２０１４年に福岡空港と博多港から入国した外国人は、全国の８・５％でした。２０１５年の速報値では、福岡空港と博多港からの入国者数は、２００万人でしたので、日本の約10％になりました。

福岡都市圏（都市雇用圏：10％通勤圏）の人口は約２５０万人、北九州市を含む北部九州大都市圏の人口は約５５０万人です。日本の人口に占める比率は、それぞれ１・９％、４・３％ですから、都市圏の人口シェアを上回るインバウンドを受け入れています。

中国、韓国、台湾からは、成田空港や関西空港経由よりも、福岡空港にダイレクトに入ったほうが時間的に（場合によっては安く）早く到着できます。速度の遅い船については、釜山や上海に近いという博多港の地理的位置の優位性が、航空機より強く作用しています。

２０１５年の外国人延べ宿泊者数でみると、福岡県は対前年比75・２％増、佐賀県は１１９・９％増、大分県70・２％増、熊本県55・５％増、鹿児島県56・７％増と、42・５％増にとどまった宮崎県以外は、日本全体の伸び率（48・１％）を上回りました（観光庁調べ）。とくに、２倍以上になった佐賀県の伸びは、福岡市周辺の宿泊施設の逼迫、福岡空港の国際旅客の増加と佐賀空港への国際線の就航によるものだと考えられます。

表7. 外国人入国者数上位10港（2014年）

1位	成田空港	4,931,533
2位	関西空港	3,170,442
3位	羽田空港	1,751,967
4位	福岡空港	884,143
5位	中部空港	699,153
6位	新千歳空港	661,772
7位	那覇空港	652,948
8位	博多港	193,167
9位	比田勝港	120,470
10位	石垣港	80,785

（出所）法務省「港別出入国者（平成26年）」。

運休となった上海スーパーエクスプレス

福岡の地理的優位性と船の輸送特性を利用したのが、２００３年から博多と上海を結ぶＲＯＲＯ（roll on/roll off）船を運航していた上海スーパーエクスプレス（日本通運の子会社）でした。ＲＯＲＯ船は、人は運びませんが、フェリーのようにトラックやトレーラーをそのまま運べる船です。東京からの鉄道貨物との組み合わせにより、航空輸送よりも安く、東京港から船便で輸送するよりも早いというのが売りでした。海外の都市名を会社名にした非常に珍しいケースです。

筆者は、港湾のシンポジウムで上海スーパーエクスプレスの社長とお話しする機会がありました。経営には苦労されていたようです。

残念ながら、２０１５年12月23日をもって、上海スーパーエクスプレスは運航休止になりました。２０１３年以降、アパレルの生産拠点が中国から東南アジアに移転したこともあり、上海発の貨物が減少していたことや、船体の老朽化が運航休止の原因のようです。中国の検疫の問題で、九州、中国地方からの生鮮食品が輸送しにくかったというのも原因の一つだったような気がします。

その代わりに日通は、２０１５年9月30日から、博多発香港行きのマイナス20℃の海上冷凍輸送サービスを開始しました。ターゲットとなる地域は、九州全域と中国地方です。博多港の搬入先（博多ＣＦＳ）は、ニチレイ・ロジスティクス九州箱崎埠頭物流センターという保冷倉庫です。東京港発よりも１日早く着き、物流コストも10％以上安くなるようです（日本通運のＨＰ）。

後ほどご説明する、那覇港から香港向けの冷蔵コンテナ輸送と同じサービスです。また博多港と那覇港の間にも同様の国内輸送サービスが開始されています。

海上輸送に遅れて参入した日通は、アジアに近く、新しい港である博多港の活用を重視しているように思われます。福岡市東区の港湾地区であるアイランドシティ内に、3つの市場を統合した新しい青果市場「ベジタブルスタジアム」が建設されたことも、九州の農作物の輸出をしやすくした要因の一つです。

東京依存の根深い構図

札幌市、仙台市、広島市、福岡市は、「支店経済都市」と呼ばれています。大企業の本社は少ないものの、地方都市のなかでは東京や大阪本社の企業の支所（支店や営業所）がとくに多く立地しているからです。東海道―山陽新幹線で東京と福岡は結ばれているにもかかわらず、福岡空港と羽田空港間には、新千歳空港と羽田空港間と同じ1日54便もあります。

政令指定都市のなかで最も人口増加数の多い福岡市ですが、東京都に対しては毎年200

図 2. 福岡市⇔全国都道府県　人口移動（2014 年・日本人のみ）

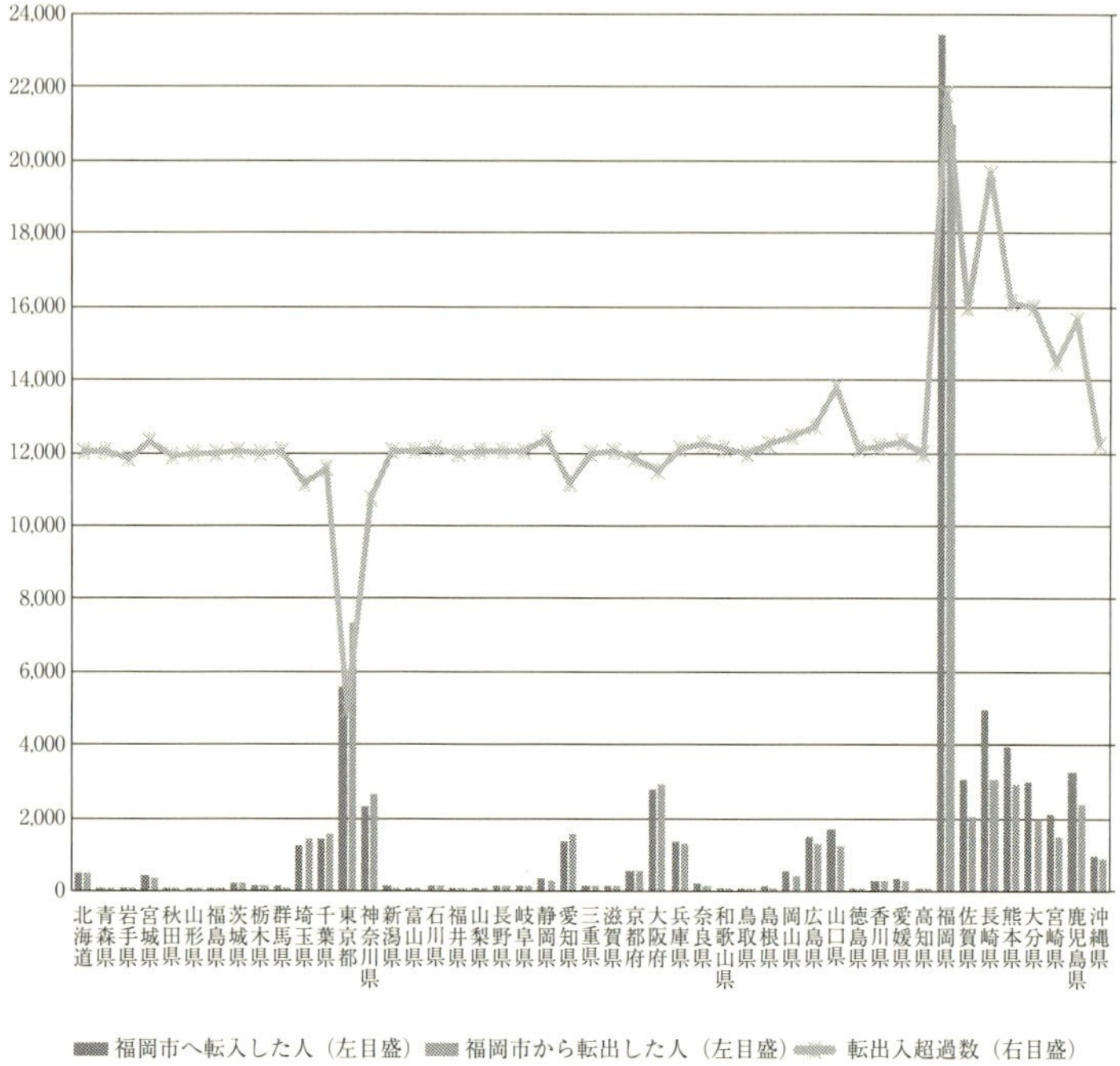

出所：総務省「住民基本台帳人口移動報告」(2014 年) をもとに作成

注記：福岡県は福岡市を除く地域。日本人の国内移動のみで外国人および国外移動は含まない。

0人ほどの転出超過となっています。福岡市から東京都に転出する年齢層は、15歳～24歳が最も多く、大学進学と就職に際して東京に流出しています。かれらを魅了する大学や企業が福岡には不足しているのです。

人口増加、グローバル化の進展を、支店経済都市脱却に活用できるのかどうか、問われています。福岡市が創業支援に本格的に乗り出したのは、2000年です。統合された小学校の一つをインキュベートプラザに改装しました。2003年、このインキュベートプラザは、福岡商工会議所内に移転し、ドレッシングの製造やイタリアレストランを経営しているピエトロの創業者である村田邦彦社長が団長となる「福岡市創業者応援団」事業が始まりました（トーマツ ベンチャーサポート株式会社・日経トップリーダー共著［2015］『地方創生実現ハンドブック』日経BP社、35―36頁）。

スタートアップ都市宣言

2010年高島宗一郎氏は、歴代最年少の36歳で福岡市長に当選しました。市長就任後、企業誘致に取り組み、市長公式サイトによると、就任後の3年間でLINE FUKUOKAなど

図3. IRBC（国際地域ベンチマーク協議会）参加都市

（出所）http://www.caimaps.info/irbc/

128社を誘致し、1万269人の雇用増を実現したとのことです。

また、2012年には企業誘致だけではなく、起業支援の充実によって雇用の確保を目指す方針を明らかにしました（「スタートアップ都市宣言」）。創業3年以内の若い会社は、事業所数の8・5％ですが、新規雇用の37・6％を生み出しています（『中小企業白書　2011年版』）。

スタートアップ都市のヒントは、アメリカのシアトルにありました。**福岡市は、2008年シアトルから指名を受けて、IRBC（国際地域ベンチマーク協議会）のメンバー都市になりました。**世界で経済・人口規模が類似する10都市からなるネットワークですが、メガ・シティは含まれず、いずれの都市もコンパクトで住みやすいとの評価を受けています。

高島市長は、「シアトルの強みはコンパクトな都市機能と海や山などの自然環境が調和した、住みやすく働きやすい町であること。地元の大学からは豊富な人材が供給され、東海岸の政府中枢から離れた自由な風土がアマゾンやマイクロソフト、スターバックスといった世界的ベンチャーを生み出した。考えてみれば福岡とシアトルは類似する点が非常に多い。福岡から世界にはばたくベンチャーを育成すべきだと確信しました。」（『Forbes Japan』２０１５年４月号）と述べています。

アメリカ西海岸の成長都市：シアトル

シアトルは、首都ワシントン、旧首都のニューヨークとフィラデルフィア、あるいはボストンのある東海岸と３７００㎞離れています。福岡―バンコク間の距離とほぼ同じです。しかもシアトルは、西海岸の都市のなかでも、カナダ国境に近い北西部に位置しています。１０００万人を越える人口を有するニューヨーク、ロサンゼルス、シカゴと比較すると、シアトル都市圏の人口は約３８０万人です。都市圏人口が約２５０万人～５５０万人の福岡と、人口規模や地理的条件は似ています。

シアトル・タコマ空港は、滑走路3本を有しており、2014年の旅客数は3750万人で、2013年からランクを2つ上げて、全米13位となっています。

福岡とシアトルは、人口規模と地理的条件は似ていますが、空港の旅客数には大きな差があります。さらに決定的に異なる点があります。ボーイング社は、本社をシカゴに移転しましたが、シアトルは今でも航空機産業の世界的な拠点です。マイクロソフトを代表とする、インターネット関連の「テック系（Tech系）」企業やベンチャー企業がグローバル企業化した、「ユニコーン企業（企業価値10億ドル以上の非上場のベンチャー企業）」の集積する全米屈指のイノベーション拠点でもあります。

米国のイノベーション拠点といえば、シリコンバレーが第一に挙げられますが、シアトルもワシントン大学などの研究大学、優秀な人材、アンカー企業と起業サポーター、快適な気候と豊かな生活環境、といったイノベーション創出に適した地域資源と環境を持ち合わせています。人材の多様性（ダイバーシティ）は、新しいアイデアや新しいビジネスの創出に寄与しています。

残念なことに、福岡には、産業クラスターを推進する「アンカー企業」と呼べる企業はありません。また、人材の多様性という面においても、シアトルとは大きな格差があります。それでも、日本の大都市のなかで、福岡市はスタートアップ率（1年間で新規に開業した事業所数の全事業所数に対する割合）は、7・0％と最も高くなっています（表8）。スタートアップに占める若者（25歳〜35歳）の割合も12・5％でトップです。

今後はスタートアップした企業の多くが、ＩＰＯやＭ＆Ａといったゴールまで到達し、そこからまた新たなスタートアップが芽生えるエコ・システムの構築が目標です。2016年

表8．開業率（2014年）

福岡市	7.0%
さいたま市	6.2%
相模原市	6.0%
千葉市	6.0%
名古屋市	6.0%
札幌市	5.5%
川崎市	5.5%
仙台市	5.5%
岡山市	5.4%
横浜市	5.3%
東京23区	5.1%
神戸市	5.0%
大阪市	4.9%
京都市	4.9%
堺市	4.8%
北九州市	4.7%
広島市	4.6%
静岡市	4.5%
浜松市	4.2%
新潟市	4.1%

（出所）各都道府県労働局（平成26年度）。

4月4日、ベンチャーキャピタルのF Venturesは、5億円規模の投資ファンドを設立し、福岡出身者の企業や福岡市のベンチャー企業への投資を行うことになりました。

グローバル創業・雇用創出特区

「スタートアップ都市」の宣言の2年後の2014年、福岡市は国家戦略特区に指定されました。

特区の取り組みとして、最初に設置したのは「雇用労働相談センター」です。福岡市天神地区にあるTSUTAYAに「スタートアップ・カフェ」として設けられました。土日も営業しており、夜10時までオープンしているこのカフェは、起業を目指す人々が気軽に訪れることができます。常駐する弁護士から雇用に関する相談を無料で受けることも可能です。また、カフェでは起業に関するセミナーや交流会が随時開催され、福岡市外の人も利用しているようです。

もちろん「スタートアップ・カフェ」は、特区でなくても設置できます。ここでのポイントは、起業者が会社設立に際して、雇用条件に関して無料で弁護士のアドバイスが受けられることです。とくに、特区で認められた「解雇条件」の明確化によって、労使間でトラブルが発生した際に、正規の手続きによって解雇が可能となります。起業予定者だけでなく、経営者も相談できます。

「天神ビッグバン」は起きるのか

「スタートアップ・カフェ」は、スタートアップを志す人材を支援し、起業を促す政策です。と同時に、スタートアップ企業やアンカーとなりうる企業が、より多く集積する街づくりのため、ハード面での政策も進められています。

福岡空港は、市営地下鉄で博多駅から5分、天神駅から11分です。都心から空港が近いのは利点なのですが、空港に近いため、中心市街地である天神地区の建物の高さは、航空法で67mに制限されています。

しかし、すでに67mを超えているアンテナ設置も許可されています。これまでは、建物ごとに個別に国から許可を受ける必要がありました。特区指定による規制緩和によって、建物ごとではなく、一定のエリアで許可されるようになりました。天神地区の17ヘクタールのエリアの建物高さ制限は、76mに緩和されました。福岡市は、高さ制限の緩和に合わせて建物の容積率も緩和し、天神地区のオフィスビルの建て替えを促そうとしています（「天神ビッグバン」）（図4）。「天神ビッグバン」により、天神地区の建物の延床面積は、従来の1・7倍に拡大すると福岡市は試算しています。

最もバリューの高い地区の大胆なリノベーションをもとにして、国内外から人材や企業を誘致するための新しい街づくりが始まります。

都心再開発は解決の道筋が見えてきましたが、福岡空港国際線ターミナルビルへのアクセスの問題は、いまだに具体化していません。博多駅から福岡空港国内線ターミナルビルへは、福岡市営地下鉄でわずか5分ですが、国際線ターミナルには、軌道系アクセスがありません。現在延伸中の七隈線を国際線ターミナルビルまで延伸すべきです。

スタートアップ・ビザの発給

日本で外国人が起業するには、「経営・管理」の在留資格を取得しなければなりません。在留資格の取得には、事務所の開設に加え、常勤2名以上の雇用または500万円以上の国

図4.「天神ビッグバン」まちづくりイメージ

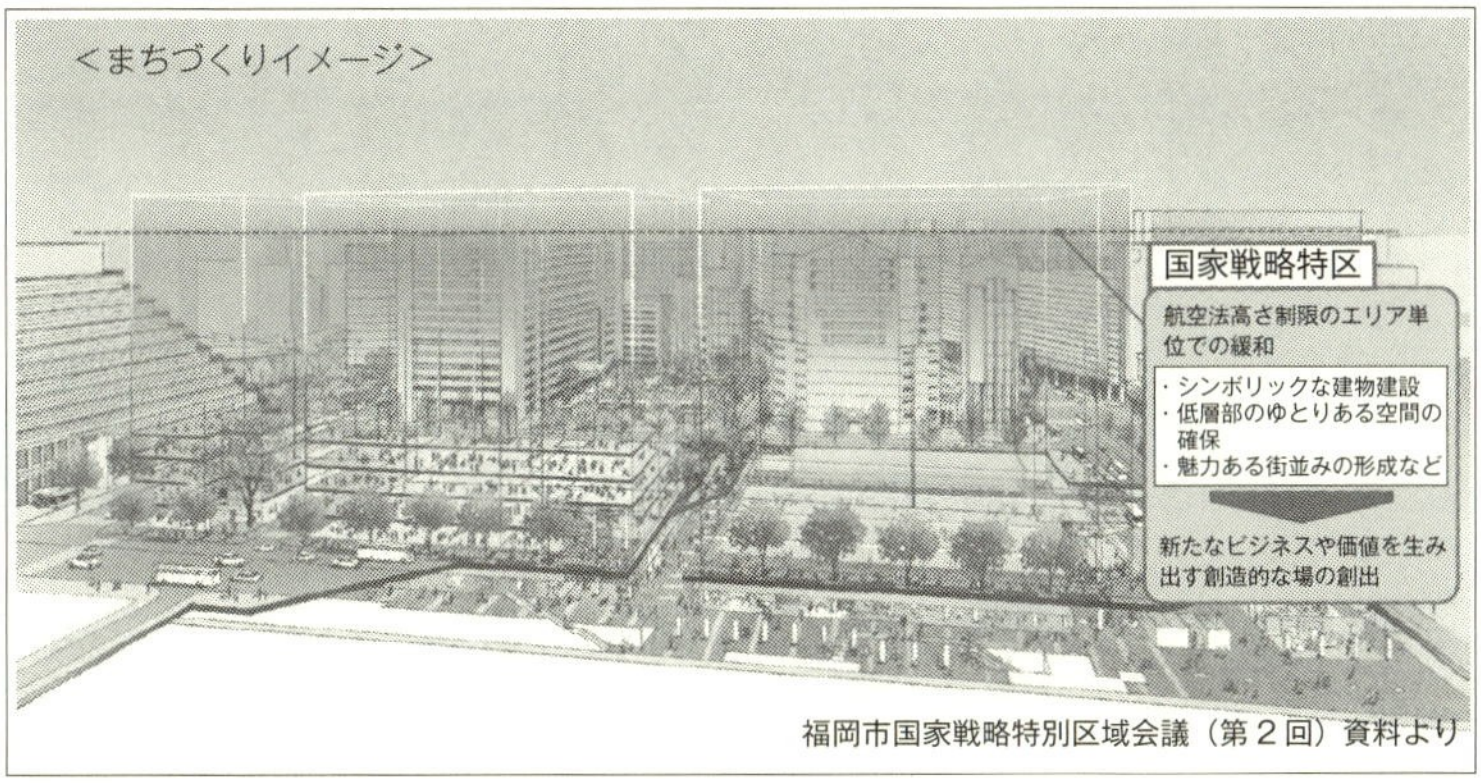

（出所）福岡市（2014年11月）。

内での投資などといった厳しい要件があります。福岡市では、２０１５年10月に国家戦略特別区域外国人創業活動促進事業に係る区域計画が国に認定され、外国人の起業要件は緩和されました。スタートアップ・ビザと呼称される在留資格は、上記の要件が整っていなくても、事業計画等を福岡市に提出し、要件を満たす見込みがあると福岡市から承認が得られれば、半年間の「経営・管理」在留資格が認められます。その半年間の間に必要要件を整えればよくなりました。

さらに、福岡市では、外国人が半年後に要件を満たして在留資格を更新できるように、スタートアップ・カフェを中心として、独自の支援を行う予定です。すでにみたように、福岡市では外国人人材の集積が進んでいます。この規制緩和によって、外国人起業家の増加が期待されています。

「アジアのシアトル」になれるか?

前述の特区政策に加え、創業してから一定期間法人税を減免するスタートアップ法人減税についても、2015年12月の税制改正大綱に記されており、近い将来実現の見込みです。また、九州大学と地元企業によるベンチャーファンドも発足し、福岡市での創業環境は向上しつつあります。

近年、福岡に「移住」して起業する人材がメディアに取り上げられることも多くなりました。Web制作会社スマートデザインアソシエーション代表取締役として「福岡移住計画」を主催している茨城県水戸市出身の須賀大介氏、デジタルアーティストで、「Modeling Cafe」の福岡支社を開設した北田栄二氏、バンクーバーから福岡に拠点を移し人気アニメ「紙兎ロペ」を制作する映像クリエイターの青池良輔氏など、枚挙にいとまがありません。かれらはほぼ例外なく、福岡への移住理由として、福岡の住みやすさを挙げています。

福岡は、昔から住みやすい都市、サラリーマンが転勤したい都市として知られています。福岡の住みやすさは、世界的にも高く評価されています。イギリスのMonocle誌では、世界で最も住みやすい25都市に毎年選定されています。２０１５年には、アジア2位、世界12位にまでランクを上げています。シアトルも２０１１年には25位でしたが、２０１５年は25位圏外でした。ミュンヘンは、9位でした。

すでに紹介したように、福岡はアジアウィーク誌で、アジアＮｏ・1都市に3回選ばれています。福岡は、イギリスの高級誌ガーディアンに、日本のリバプールとして紹介されたこともあります。福岡は、札幌と並んで転勤したい都市として有名ですが、世界からも住みやすい都市として認められています。住みやすさでは、福岡の方がシアトルよりも上に位置しているのです。

日本は住みやすいと評価する外国人が多いのに、日本で働きたいという外国人は少ないというアンケート調査がありました。それは国単位だけでなく、都市や都市圏単位でも該当しそうです。世界的に住みやすいと評価された都市でも、高度外国人人材の仕事の場が少ないとしたら、もったいない話です。

福岡で最も高度なグローバル人材が集積しているのは九州大学です。約２０００人在籍している留学生の多くは、卒業時に福岡を離れていきます。かれらを含め、優秀な若手人材を福岡に引き留めるには、高度な仕事と高い報酬を提供できる雇用が必要です。そのためにも、福岡はイノベーション拠点として、エコ・システムを構築しなければなりませんが、それは短期間には実現しません。

シアトルに本社を置く世界的コーヒーチェーンとなったスターバックスも、１９９０年ごろはまだグローバル展開していませんでした。マイクロソフトのWindowsも、パソコンＯＳとして普及していませんでした。

福岡市が現在取り組んでいるグローバル創業・雇用創出特区の取り組みを、今後も持続できれば、数十年後には「アジアのシアトル」になる可能性がないとはいえません。リチャード・フロリダは、北部九州を世界40のメガ地域の一つに選んでおり、40地域中、人口は24位、イノベーション・特許取得ランキングは23位、トップ科学者ランキングでは19位にランクしています（リチャード・フロリダ［２００９］『クリエイティブ都市論』ダイヤモンド社、２７８頁）。

わたしたちの本当の願いは、福岡が「アジアのシアトル」ではなく、「世界のFukuoka」になることです。

第5章

北海道の「グローバル・フロント」：札幌

第4位の政令指定都市・札幌の憂鬱

札幌市は、日本最北の地方中枢都市です。東京からは820キロ離れており、福岡市に次いで3番目に東京から遠い政令指定都市です。札幌市の人口は、195万人で、政令指定都市のなかで横浜市、大阪市、名古屋市に次ぐ4位です（2015年）。10％通勤圏の人口は、234万人で、福岡都市圏の250万人よりもやや少なくなります（2010年）。

北海道の人口は、2015年国勢調査で538万人でした。1997年をピークに減少しています。**北海道内の市町村からの社会移動によって、札幌市の人口は増加していますが、札幌市は2009年からすでに人口の自然減となっています。**札幌市の人口は、2020年ごろから減少すると予測されています。福岡市でも生産年齢人口は、2012年度から減少していますが、2015年時点でも人口の自然増で、2035年頃まで人口増加が続くと予測されています。

1991年の商業地の最高価格は、札幌市が1690万円／㎡、福岡市が1350万円／㎡でした。2016年には福岡市が620万円／㎡、札幌市は260万円／㎡と逆転しています（国土交通省の公示地価）。

札幌市と福岡市は、いずれも政令指定都市、地方中枢都市です。支店経済都市として、共通の性格を持っています。両市の差異は、その後背地（勢力圏）の人口規模にあります。北海道の面積は、８万３４２４㎢で、九州４万２２３２㎢の１・98倍です。しかし、２０１５年の北海道の人口は５３８万人で、九州の人口１３０２万人の41％です。福岡市は、九州７県に山口県を加えた圏域人口１４４３万人の中枢都市ですが、札幌市は、圏域人口５３８万人の中枢都市です。

しかも、福岡市に支店を置く企業のなかには、「三菱電機ライフネットワーク」のように、西日本本部という名称で、九州、四国、山陰、中国地方までをテリトリー（管轄圏）としている企業もあります。交通網の整備（航空ネットワークを含む）に伴って、福岡にある支店のテリトリーは拡大しています。

札幌市の支店のテリトリーは、北海道に限定されますが、福岡支店（名称は九州支店や西日本支店など）のテリトリーは、九州だけでなく、山陰、山陽、四国、沖縄の一部地域を含むケースも少なくありません。そのため、福岡支店のテリトリーの人口、ＧＲＰ、製造品出荷額は、札幌支店のテリトリーの人口、ＧＲＰ、製造品出荷額よりも多くなります。その結果、福岡支店の規模は、札幌支店よりも大きく、また福岡市の支店数も、札幌市の支店数よりも多くなる傾向がみられます。

阿部和俊氏によると、1960年の支店数は、福岡市368、札幌市348でほぼ同じでした。それが2010年には、福岡市954、札幌市721とその差が広がっています。阿部氏は、1960年に福岡市、札幌市、仙台市、広島市の順であった支店数が、2010年には福岡市、仙台市、広島市、札幌市となっており、支店経済都市としての札幌市のポジションは低下していると指摘しています。

福岡の人口が札幌を抜く日

札幌都市圏には、北海道の人口の5割が集中しています。それに対して、福岡都市圏の人口は、九州＋山口県の人口の17％にすぎません。

福岡市に隣接する町には、人口増加率全国トップクラスで、かつ福岡市の人口増加率5・1％を上回る新宮町、粕屋町、志免町、福津市、佐賀県鳥栖市のような市町村もあります（2010年―2015年）。福岡都市圏の多くの市町で、人口は増加しています。人口減少している市町も、人口減少率は低くなっています。

新千歳空港に近い恵庭市、千歳市は人口増加していますが、札幌市に隣接する小樽市、石狩市、北広島市、江別市の人口は減少しています。札幌市と福岡市の勢いの差は、札幌都市圏と福岡都市圏の人口動態に明確に現れています。

札幌市の人口は、２０４０年に１７１万人（２０１０年比でマイナス10・６％）になると社人研は予測しています。社人研は、福岡市の人口も、同期間に１・７％減少すると予測しています。ですが、福岡市の人口は、社人研の予測を上回って増加しています。福岡市の独自推計では、２０３５年まで人口増加し、２０４０年には１６０万人、２０１０年比で＋６万人になると予測されています。実は、２０１５年の福岡市の人口は、福岡市の予測をすでに１万３千人上回っています。

両市の人口差は、１９７２年には約18万人にすぎませんでした。２０１５年、両市の人口差は、約42万人にまで拡大しています。この間北海道では、札幌市への一極集中が加速しました。九州には、７つの県庁所在都市と１００万都市だった北九州市がありますし、高速道路や九州新幹線整備の遅れもあり、福岡市一極集中とはなりませんでした。両市とも、その後市町村合併をしていませんので、合併による影響はありません。２０４０年には、その差は８万人から10万人程度にまで縮小していると思われます。

１９７２年の人口増加率は、政令市10市のなかで札幌市が１位、福岡市は６位でした。２０１５年の国勢調査速報によると、人口増加率は福岡市が１位で、札幌市は６位と逆になっています。**このまま推移すれば、おそらく２０５０年から２０５５年頃に、札幌市と福岡市の人口は逆転することになるでしょう。北海道と福岡県の人口が逆転するのは、２０２５年頃だと思われます。**

１９７２年は札幌オリンピックの開催された年です。オリンピックの開催によって、札幌市の都市基盤が整備されたことが、札幌市と福岡市の成長力格差に強く影響しました。札幌市営地下鉄が開業したのは、１９７１年でした。福岡市営地下鉄が開業したのは、札幌市に遅れること10年、１９８１年でした。１９７２年は、日中国交正常化した年でもあり、政令指定都市制度へ移行した年でもあります。

福岡市の成長力を相対的に高めた博覧会は、１９８９年のアジア太平洋博覧会ですが、スポーツイベントは、オリンピックよりもはるかにインパクトの小さい、１９９５年に開催されたユニバーシアードでした。

経済規模では北海道≒福岡県

２０１５年の福岡県の人口は、５１０万人です。すでにみたように、福岡県の面積は、北海道の約半分です。人口は、北海道が５３８万人で、福岡県よりも28万人多くなっています。２０１２年の北海道と福岡県のＧＲＰは、ともに19・３兆円でした。

事業所数は、北海道23・2万、福岡県21・2万、従業者数は、北海道２１６万人、福岡県２１７万人です（２０１２年経済センサス）。つまり、北海道と福岡県の経済規模は、ほぼ同じといえます。

ただし、北海道の第1次産業は3・8％ですが、福岡県は0・8％です。当然ですが、北海道の第1次産業比率は、福岡県よりも高くなっています（生産額）。逆に、第2次産業は、北海道15・7％、福岡県19・1％で、福岡県の方が高くなっています。第3次産業は、北海道80・2％、福岡県79・3％で、ほぼ同じです。

北海道と福岡県の総従業者数と総生産額は同じですので、労働生産性や賃金水準も同じだと考えられます。

北海道と福岡県のグローバル化を比較してみる

上で検証したように、産業構造に違いはありますが、北海道と福岡県の人口・経済規模は、非常に似通っています。

しかし、グローバル化の水準には、大きな差があります。外国人登録者数では、北海道の２万３５３４人に対して、福岡県は5万７６９６人です（２０１４年末）。留学生数は、北海道の２７５５人に対して、福岡県は、その５・２倍の１万４２５２人です（日本学生支援機構「平成26年度外国人留学生在籍状況調査」）。

新千歳空港と福岡空港の年間総旅客数（２０１４年）は、それぞれ１９２７万人と１９７０万人でほぼ同じでした。しかし、２０１４年の新千歳空港の国際線旅客数は１５５万人、福岡空港は３４７万人でした。新千歳―羽田便の旅客数は、世界1位で、北海道の東京依存の強さを示しています。北海道内のすべての空港の国際線旅客数を合計しても１８８万人です。

苫小牧港の貿易額は、１兆１３１億円です。博多港は2兆７６６０億円で、２倍以上の格差があります（表3参照）。博多港の近くには、ほぼ同じ貿易額の北九州港もあります。２０１５年の博多港へのクルーズ船寄港回数は、２４５回で全国１位でした。苫小牧港や小樽港へのクルーズ船寄港回数は、観光庁の統計では記載がなく、10位の大阪港18回よりも少ない11位以下でした。国際会議の開催件数は、札幌市１０１件に対して、福岡市は３３６件で3倍以上の格差がついています（２０１４年）。

北海道の貿易額は、２０１４年の福岡県７兆３０２８億円、九州７県12兆５８５０億円と比較すると低い水準です。しかし、東北地方と異なり、２００５年の１兆２２８７億円（対全国比１・０％）から、２０１５年の２兆65億円（対全国比１・26％）へと上昇傾向にある点は見逃せません。

札幌市の国際化政策

札幌市は、福岡市よりも1年早く、２００２年に「札幌市国際化推進プラン」を策定しました。２０１４年には、改訂版の「札幌市国際戦略プラン」が公表されています。

２００２年プランの３つの基本目標は、「世界の人が住みたくなる共生都市さっぽろ」、

「世界の発展に貢献する協働都市さっぽろ」、「世界が集う魅力と活力ある創造都市さっぽろ」でした。具体的成果目標は、設定されていません。具体的かつ多様な成果指標を定めた、2003年の福岡市の国際化計画と比較すると見劣りします。

2014年の「札幌市国際戦略プラン」では、2017年度を目標年度とする成果指標が設定されました。外国人宿泊者数68万人（2012年）⇒115万人、国際会議開催件数60件（2012年）⇒100件、地域経済圏輸出額1838億円（2011年）⇒1920億円、留学生数1839人（2012年）⇒2700人、などが2017年度までの達成目標として掲げられています。

「札幌市国際戦略プラン」では、外国人居住者数の少なさが問題として把握されているのですが、外国人居住者数の目標値は設定されていません。しかも、2003年に設定した福岡市の目標値よりも、かなり低い目標値となっています。

インバウンドでは好成績

北海道は、日本のインバウンドの伸びの一翼を担っています。北海道の2014年の外国人延べ宿泊者数は、前年比27％増の389万人で、全国の8・7％を占めました。北海道の人口構成比は、4・3％です。インバウンド集客においては、地方のなかでは「勝ち組」です。

2014年に北海道の全空港・港から入国した外国人数は84万人、全国の5・9％でした。スキーヤーもいますので、北海道を訪問する外国人は比較的長く滞在し、消費する金額も多いと考えられます。

北海道の外国人延べ宿泊者数1位は、32・3％の台湾です。次いで中国19・1％、香港11・9％となっています。訪日外国人の国籍別1人当たり消費金額を用いて試算すると、北海道の2014年の訪日外国人旅行消費額は、1816億円でした。年度は異なりますが、2012年の北海道のGRP19・3兆円の約1％を占めています。

全国の外国人延べ宿泊者数は、2015年に前年比48・1％も増加しました。北海道は、全国の伸び率を下回る40・9％でした。それでも北海道のGRPに占める訪日外国人旅行消費の比率は、1・4％程度にまで上昇したはずです。

札幌市の2014年度の外国人延べ宿泊者数は、前年度比33％増の180万人でした。北海道全体の延べ外国人宿泊者数の46％を占めています。

日本人を含む北海道の宿泊者数のピークは、２００６年度の３４４３万人でした。その後、２０１１年度まで減少傾向が続きます。２０１２年度以降は、再び増加に転じています。その背景にあるのは、外国人宿泊者数の増加です。２０１４年度の宿泊者数は３２７９万人でした（日本政策投資銀行札幌支店『北海道ハンドブック　平成28年版』、44頁）。おそらく、外国人宿泊者数の増加によって、２０１５年度は、これまでの最高であった２００６年度水準近くまで回復しているものと思われます。

上記で算出したように、北海道のＧＲＰに訪日外国人旅行消費が占める比率は、２０１５年時点でも１・４％程度にすぎません。しかし、人口が減少していく北海道・札幌の経済にとって、今後インバウンドの重要性は、徐々に高まっていくはずです。２０３０年に６０００万人というインバウンドが実現すれば、北海道のＧＲＰに訪日外国人旅行消費が占める比率は、５％程度にまで高まるでしょう。

シンガポールのＬＣＣである「スクート」は、２０１６年４月にシンガポール―台北―札幌便を週３便就航すると発表しました。

「LOVE HOKKAIDO」という番組

インバウンド急増の一因は、HTB（北海道テレビ）の番組、「LOVE HOKKAIDO」です。この番組は、中国人、カナダ人、日本人の3人のMCによって、北海道の各地を取材する番組です。

この番組は、日本だけでなく、シンガポール、台湾、中国、タイ、ベトナム、カンボジア、ハワイ、インドネシアでも放映されているのです。この番組が北海道人気を高めたことはまちがいありません。最初は「恋する北海道」のタイトルでしたが、2014年6月から「LOVE HOKKAIDO」にタイトル変更しています。一時期、キャセイパシフィックとマレーシア航空の機内でも放映されていました。

アウトバウンドの弱さ

北海道のインバウンドは、全国的にみても高い水準ですが、アウトバウンドは冴えません。

2014年に新千歳空港から入国した外国人数は、66・2万人であったのに対し、出国した日本人数は、12・3万人にすぎませんでした。新千歳空港から成田空港や関西空港を経由して出国した日本人数は含まれていないので、単純に比較はできませんが、福岡空港では、入国外国人数は88・4万人、出国日本人数は83・8万人で、ほぼ同じ水準です。

JNTO（日本政府観光局）によると、2015年は、2014年の訪日外国人数と出国日本人数は、1341万人と1690万人でした。2015年は、訪日外国人数1974万人が出国日本人数1621万人を上回りました。全国の数値と比較すると、新千歳空港の入国外国人数と出国日本人数の格差は、異常に大きいといえます。

その理由は、北海道民による新千歳空港の国際線のビジネス・観光利用が少ないからです。日本旅行業協会によれば、2013年の日本人の出国率は13・7%でした。北海道からの出国率は、わずか5・8%にすぎません。福岡県からは11・7%、全国一出国率の高い東京都は26・2%でした。

近年、インバウンド取り込みの重要性について議論されるようになりました。しかし、アウトバウンドも同時に増やさなければ、国際線の定期便化や地域のグローバルな発展には結びつきません。アウトバウンドを増加させるには、地域住民の出国率の引き上げだけでなく、

地域企業の海外取引、外資系企業、留学生や高度外国人人材の増加も必要です。

札幌市や北海道は、アウトバウンドの基礎となるグローバル化において、福岡市や福岡県に大きく遅れをとっています。福岡市や福岡県における外国人、留学生の多さや、海外進出している地場企業数の多さ、および地域住民の出国率の高さが、福岡空港と新千歳空港とのアウトバウンド数の差につながっています。

北海道は、インバウンドの勝ち組ですが、インバウンドの獲得だけでなく、「グローバル地方創生」について、多面的かつ本格的に取り組まねばなりません。北海道開発局や道庁の長期ビジョンのなかで、その本気度が示されていないように感じるのは、私たちだけでしょうか。

また、1988年に公表された、きわめて先駆的であった新千歳空港の国際エアカーゴ構想が事実上頓挫したことも、その後の北海道のグローバル戦略を萎縮させた遠因になったように思われます。成田空港よりも約1000km欧米に近く、千歳空港と合わせて4本の滑走路を有し、24時間運用可能というポテンシャルを生かして、成田空港の国際貨物機能を一部代替するという斬新な計画でした。

しかし、新千歳空港には、欧米向けの貨物専用機は就航せず、国際航空貨物も集まりませんでした。視察に行ったときには、貨物ターミナルにほとんど航空貨物がなく、驚いた記憶が残っています。

2014年度の新千歳空港の旅客数は1953万人で、那覇空港1753万人、福岡空港2000万人とあまり差はありません。しかし、新千歳空港の国際航空貨物量は、年間1万869tにとどまっています。那覇空港の18万4871t、福岡空港の5万118tとの間に大きな格差が生じています。

東日本大震災後の優位性

2011年の東日本大震災では、被災地以外の地域にもダメージが発生しました。サプライチェーンが分断されたからです。とくに製造業においては、BCP（事業継続計画）の観点から、生産拠点および、調達先の分散化の重要性が再認識されました。さらに、企業本社や政府機関の東京への一極集中のリスクについても、議論されるようになりました。

2012年、北海道は北海道バックアップ拠点構想を打ち出します。自然災害リスクの低さや食料、エネルギー、産業基盤、住宅などの安定性を梃子として、生産拠点や事業所の一部機能を誘致する構想です。群馬県、京都府、福岡市、関西広域連合なども同様の計画を打ち出しましたが、先行したのは北海道です。

表9からわかるように、北海道では、２００８年のリーマンショック後、企業立地件数が大幅に減少し、２００７年度の83件から２００９年度には44件にまで落ち込んでいます。しかし、２０１０年度には回復傾向となり、東日本大震災後の11年度には62件と、２００７年度の7割強にまで持ち直し、２０１３年度は、２００７年度を上回る84件となりました。東日本大震災以降は、リスク分散を目的として、北海道に立地する企業が増えており、全体の4分の1を占めるまでになっています。

表9. 北海道への企業立地件数

年度	企業立地件数（リスク分散を理由とした立地件数）
2007	83
2008	46
2009	44
2010	49
2011	62（16）
2012	73（18）
2013	84（22）

（出所）「企業立地政策の新たな展開」『開発こうほう』2014年9月、p.9。
（注記）北海道経済部調べにより立地表明時期でカウント。立地件数は新設と増設の合計。

バックアップから本社機能集積へ

札幌市では、２０００年度からコールセンター誘致に積極的に取り組んできました。とくに、消費者からの各種問い合わせや注文などを受け付ける、インバウンド型コールセンターをターゲットにしてきました。これまでに金融・保険業やＩＣＴ関連の技術支援、インターネット販売など、多様な業種のコールセンターを誘致しています。２００４年度からは、事務管理業務などの内部事務を行う、バックオフィスにまで誘致対象を拡大しました。コールセンターとバックオフィスの立地は、２０１１年以降大きく伸びています。

２０１３年、札幌市は、道外から札幌市に本社機能を移転した企業に補助金を出す制度をつくりました。移転した拠点の正社員数１人あたり30万円、年間最大で２０００万円が上限です。

この補助金を受ける企業は、３年間で最大６０００万円を受け取る見返りに、本社または本社の一部機能を札幌へ移したことを公表し、札幌の拠点を本社と表示する義務を課されています。札幌へ異動してくる社員に対して、札幌市を含む周辺８市町への住民登録も義務付けています。

アクサ生命保険株式会社は、２０１４年11月に、札幌市の本社機能移転促進補助制度を初めて利用し、「札幌本社」を設立しました。アクサ生命札幌本社は、新築オフィスビルである札幌三井ＪＰビルディング内に設置されました。アクサ生命札幌本社は、関係スタッフを含むと４００名を超える組織（社員１２０名）となっています。新築ビルの優れた制震構造や、72時間の非常用電力供給体制が立地決定の要因だったようです。アクサ生命は、２０１８年度に「札幌本社」の社員数を30名増員すると発表しました（『北海道新聞』２０１６年２月２日）。

アメリカンファミリー生命保険（アフラック）も、２０１６年４月に日本の東京本社機能の一部を札幌市に移転すると発表しています。移転するのは、ＩＴシステム開発部門です。現在は、東京都府中市に集中立地しており、札幌市に一部を移転し、災害リスクを分散させるとしています。移転当初の人員規模は20人程度で、２０１７年末までに１００名体制とし、そのうち60〜70名は札幌市で採用する予定とされています。

アマゾンのコールセンターの札幌誘致の際と同様、これら2社の本社機能一部移転の広報効果は絶大です。東京に本社を置く外資系企業が追随する動きが出れば、外資系企業のシステム開発拠点として、クラスターの形成も期待できます。そのためには、ＩＴ処理能力が高く、英語による業務遂行も可能な高度人材の育成など、教育体制の変革も求められるでしょう。

再起が待たれる「サッポロバレー」

札幌市は、「サッポロバレー」と呼ばれるICT分野の産業集積を有しています。北海道大学で1976年に発足した「マイコン研究会」に技術系の学生が集まり、「マイコン研究会」から多数のベンチャー企業が誕生したことが、「サッポロバレー」の起源とされています。1988年には、札幌テクノパークも整備され、ここに移ったベンチャー企業の多くは、札幌ICT業界の老舗企業へと発展しました。とくに、札幌駅北口周辺には、老舗企業からスピンオフしたベンチャー企業が多く集積し、「サッポロバレー」と呼ばれるようになります。

1999年には、東京・渋谷にて「ビットバレー」が立ち上がったのを契機に、札幌のみならず、福岡・大名地区や仙台駅周辺にも「バレー」が誕生しました。これら「バレー」に共通する特徴は、利便性が高い割に賃料が安いオフィス・スペース、若くて優秀な理工系人材の集積、有力大学の存在です。これらの条件に適合する限られた大都市にのみ、「バレー」は形成されました（林聖子「ビットバレー症候群」山﨑朗・玉田洋編著［2000］

『IT革命とモバイルの経済学』東洋経済新報社）。

図5からわかるように、大都市のICT産業集積は、全国平均よりもかなり高くなっています。とくに、福岡市の事業所数の特化係数は、2・0を超えており、東京都に次ぐ高い水準です。札幌市の特化係数は、仙台市や広島市を上回っています。特化係数は、全国平均だと1・0となり、1・0を上回ると全国よりも集積していることを示す指標です。

札幌市は、これまで多くのコールセンターやデータセンターを誘致してきました。これらの札幌進出のインセンティブの一つは、人件費の安さとオフィスビルの賃料の安さです。

ソフトウエア開発についていえば、「サッポロバレー」は、かつての勢いを失っています。ハドソンやビー・ユー・ジーは、札幌から東京に本社を移転しました。文部科学省の知的クラスター事業に指定されていましたが、厳しい評価（SABC評価でB評価）をうけ、ICT産業からBio-Sというバイオ産業振興のプロジェクトへと事業体制を大きく転換せざるをえませんでした（「知的クラスター創成事業終了評価報告書（平成18年度終了地域）」）。同時に評価を受けた福岡地域は、S評価でした。Bio-SのSはSapporoを指しています。筆者は、Bio-Sの外部評価を担当しました。

IT事業を営んでいると推察される道内企業についての調査『北海道ITレポート　20

図 5. 主要政令指定都市における ICT 産業の事業所および従業者数の特化係数

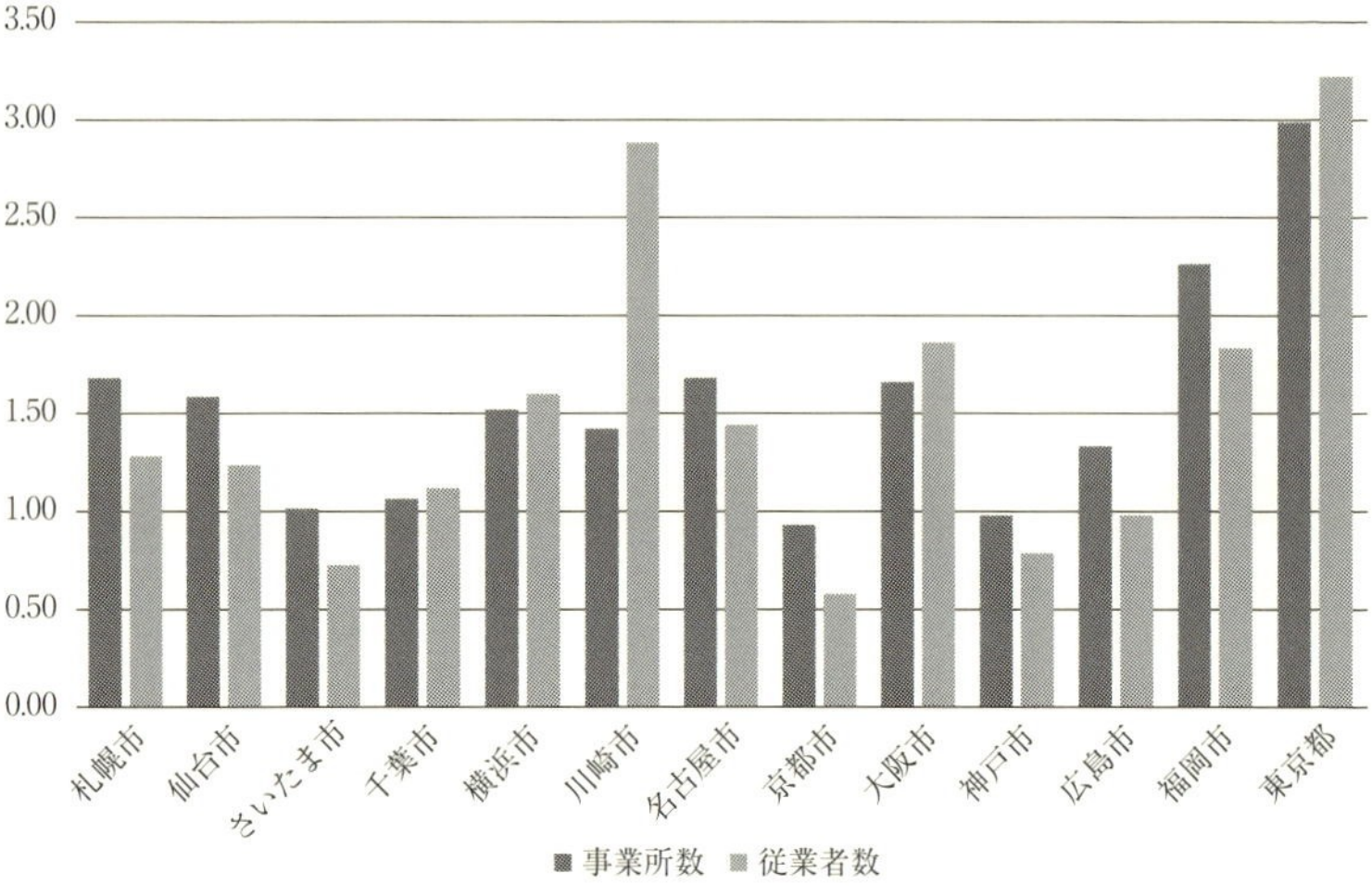

（出所）経済産業省「経済センサス」（2014 年）。
（注記）日本標準産業分類「G 情報通信業」の中分類「39 情報サービス業」「40 インターネット附随サービス業」「41 映像・音声・文字情報制作業」「37 通信業」を対象として集計。

１５』によると、図６からわかるように、北海道のＩＴ産業の売上は、２００８年をピークとして減少傾向にありました。その後、景気回復にともなって、２０１１年をボトムとして、売上は上昇に転じました。２０１５年の売上予想は４２２７億円で、過去最高になると見込まれています。北海道のＩＴ企業の従業員数は、２万３０６人で、食料品製造業の７万４７７３人に次ぐ雇用の場となっているとしています。２０１４年の海外売上高比率は、１・１％と低いのですが、ベトナム企業との提携

図6．北海道IT産業の売上高の推移

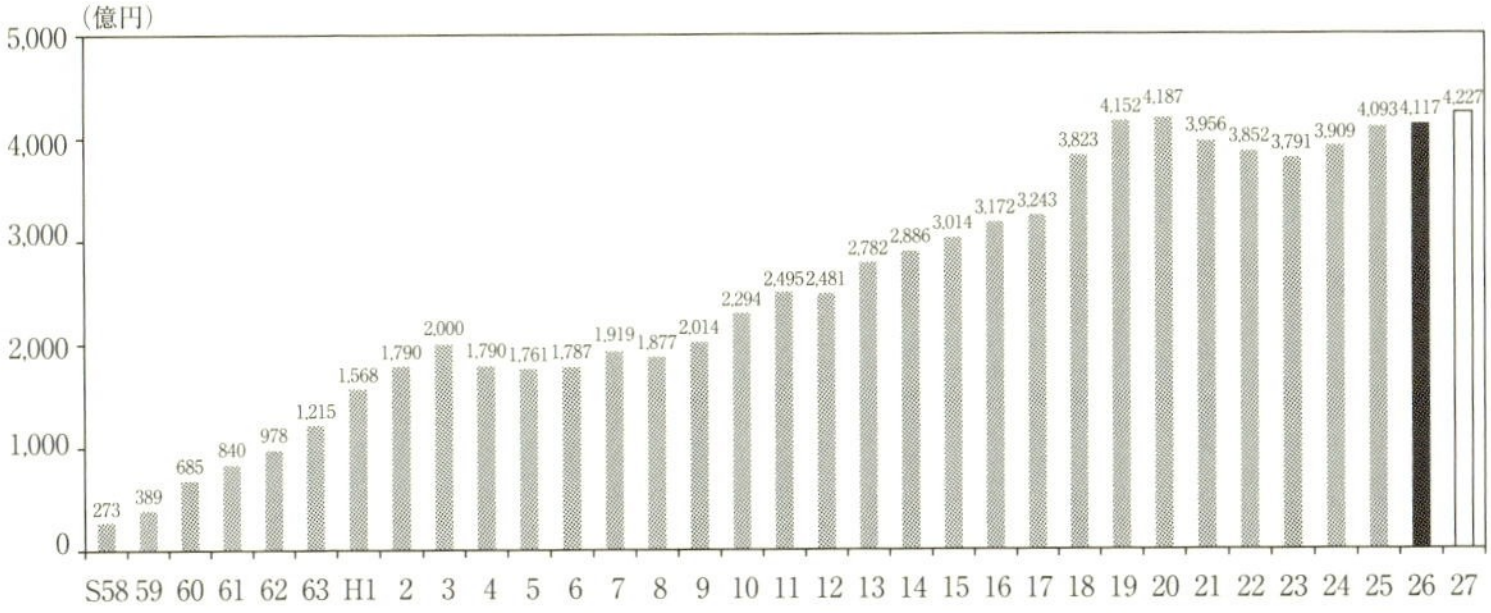

注：昭和58年度～平成16年度数値は、経済産業省北海道経済産業局「北海道情報処理産業実態調査」による

（出所）北海道ITレポートサマリー。

を模索している企業が増加しています。

上記のレポートは、同協会が独自に定義するＩＴ産業の調査です。そこで改めて、「経済センサス」で確認してみました。放送業を除く情報通信業をＩＣＴ産業と定義した場合、北海道の従業者数は、２０１４年に３万４１７人でした。そのうち、札幌市に85％（２万５８０４人）が集中しています。

同じ「経済センサス」でみると、福岡市のＩＣＴ産業の従業者数は、３万７９２７人、福岡県の従業者数は４万６０５１人でした。福岡市への集中度は82％で、似た状況にあります。

札幌市の人口は福岡市よりも多く、北海道の人口も福岡県よりも多い点を考慮すると、北海道、札幌のＩＣＴ産業の集積水準は、まだ高くなるポテンシャルを有していると考えられます。２０１５年に東証一部上場した、Ｅコマース事業を行う北の達人コーポレーション（本社札幌市）のような企業も現れています。台湾支社の開設を皮切りに、アジア展開を本格化する予定です。

福岡に進出してきたソフトウエアハウスやコールセンターも、人件費の安さに牽引されて立地してきました。本社機能誘致は、低賃金、低レベルの業務から脱却するための有効な処方箋です。そのためには、外資系企業の本社機能を魅了するような、有用な人材の育成・供給と同時に、ＩＣＴ産業のエコ・システムである「サッポロバレー」の再生も必要です。

２００３年に筆者が札幌駅近くにあったビズ・カフェ（なぜか九州ラーメン店の２階）や、札幌市内の主要なＩＣＴベンチャー企業を訪問したときは、熱気を感じたのですが、老舗企業の東京への本社移転もあり、下請化が進展しています。

危機の北海道総合計画

北海道庁、北海道開発局は、ともに新しい総合計画を策定中です。北海道庁による「新しい総合計画（案）」では、10年後のKPIには、道産品輸出額を２０１４年の６６３億円から２０２５年に１０００億円以上といった前向きの指標も設定されています。しかし、外国人居住者数は、2014年の2万3534人から2025年の2万5600人へと、わずか2066人しか増加しないという計画になっています。2万5600人という数値は、2015年の福岡市の在留外国人数よりも少なく、2012年の福岡県の在留外国人数5万3356人の半数以下です。

しかも、法務省の統計によると、2015年末の北海道の外国人数は、2万5692人で、2025年のKPIをすでに上回っていることが判明しました。それでも、外国人比率でみると、東北と並び、全国的にはかなり低い水準です。表6を再度みていただきたいのですが、札幌市の外国人数と外国人の増加数は、札幌、仙台、広島、福岡の地方中枢都市のなかで、最も少なくなっています。いうまでもなく、この4都市のなかで、一番人口の多い都市は、札幌市です。

政府は、高度外国人人材の就労ビザを緩和してきています。今後の地方創生の鍵は、高度外国人人材の誘致にかかっています。**外国人にも住みやすく、そして外国人が働きやすく、外国人が起業しやすいグローバル都市への移行こそが、地方創生の鍵なのです。**東京圏の中小企業は、人手不足による採用難ということもあり、外国人の留学生や外国人労働者の採用を増やしています。

グローバル化への適応こそが最も重要になっている時代に、北海道庁がなぜ、10年間でわずか2066人外国人を増加させるというKPIを設定したのか、理解に苦しみます。さきほど紹介した、2014年に策定された「札幌市国際戦略プラン」との整合性も図られているように思えません。札幌市は、2017年までに留学生数を861人増加させるとしていました。北海道のみならず、札幌市の人口もすでに2008年から自然減になっており、今後の都市発展のために高度外国人人材を必要としています。

1988年に地方にさきがけて国際エアカーゴ構想を打ち出した北海道が、本格的グローバル化時代に直面しているにもかかわらず、大胆な構想を打ち出せなくなっています。2016年3月に閣議決定された、「北海道総合開発計画」の中で注目されるプロジェクトは、サハリンでの資源開発プロジェクトを支援するため、北海道北部の国境地帯（稚内周辺）で、資源関連船舶の受け入れや資材・機材の供給基地を整備するという計画です。

大型のコンテナ船の7割程度は、東京湾、伊勢湾、大阪湾の港湾によらず、釜山港から津軽海峡を抜け、シアトルなどのアメリカ西海岸の港に向かうようになりました。いわゆる日本の主要港における「抜港」と呼ばれる現象です。

苫小牧港や釧路港は、アジアにおけるアメリカ西海岸にもっとも近い「ファーストポート」になれるポテンシャルを有しています。北極海航路が開発されると、北海道の地理的ポジションの位置づけは大きく変化します。

北海道の港から東北、関東、ロシア、中国などに小型コンテナ船で配送する「国際ハブ港湾」の構想なども――難しいことは重々承知しています――、その可能性をあらゆる角度から検討してみるべきです。

北海道新幹線による観光客誘致は、北陸地方と同じドメスティクな戦略であり、長期的には効果は逓減していきます。東京圏の人口もまもなく減少するのですから。ＪＲ北海道は、道内のすべての路線が赤字路線であること発表しました。北海道は、すでに鉄道線路を維持できる閾値を下回ったようです。インバウンドと鉄道の組み合わせなしに、北海道の鉄路を維持する道はありません。ＪＲ九州が運行しているクルーズ列車「ななつ星in九州」は、２０１５年に外国人乗客の比率が２割まで上昇しました。現在14室のうち、３室を外国人客用としています。２０１６年秋からは、６室に増やす予定ですので、外国人比率は、４割を超えるようになるかもしれません。ローカルな鉄道輸送サービスも、外貨を稼ぐ「輸出産業」になりうるのです。

総合計画にＪＲ北海道の問題が取り上げられていない点にも不満が残ります。**インバウンド戦略の一貫として、北海道新幹線の新千歳空港への乗り入れのような大胆な提案をすべきでしょう。**ＪＲ東日本やＪＲ東海の反対で、現時点では実現は難しいようですが、上越新幹線の新潟空港乗り入れや、静岡空港の東海道新幹線駅構想は、県主導で検討が行われています。

ＪＲ北海道の鉄道路線は、年間４００億円の赤字という問題だけでなく、黒字の路線が一つもないという大きな問題を抱えています。全線赤字なのです。ローカル線の赤字に、新幹線の赤字も加わります。北海道新幹線の予約率は、20％台です。このままでは事故の増加だけでなく、全線廃止にもなりかねない危機的状況です。新幹線が来るにもかかわらず、２０１５年の函館市の公示地価は、プラスには転じませんでした。線路やトンネルへの基盤投資については、道路予算の活用や、ＪＲ北海道へのふるさと納税、企業版ふるさと納税の活用など、これまでにない新しい、大胆な提案を、北海道からすべきです。

危機にあるのは、北海道やＪＲ北海道だけではありません。危機を直視し、本気で解決策を模索しようとしていない、北海道庁や北海道開発局の総合開発計画もまた、危機にあるといわざるをえません。

地域開発の先進地だった北海道

北海道は、東北とは違う意味で、地域開発の先進地域でした。滑走路2本を有する24時間空港の新千歳空港の建設、その空港を活用した国際エアカーゴ構想、サッポロバレー、コールセンター誘致、地域航空会社Air Doの設立、シーニックバイウェイ（道路から見た景観形成）。筆者は、かつて九州の一歩も二歩も先を行く、北海道に何度も視察、ヒアリングに行きました。

実は、筆者が生まれて2回目に講演したのは、帯広でした。1回目は、日本立地センターです。帯広で1人でシンクタンクを経営されている方からの直接の依頼でした。1時間の講演のために、帯広市に2日宿泊させていただき、地元の若い政治家や企業家の人たちとの懇談の場も設定してもらいました。そこで100年目の屯田兵構想などの熱い思いをお聞きし、『北の大地に移り住む』（TBSブリタニカ）という本もいただきました。

この本がすごいのは、帯広、十勝の実情を、住みにくさ、仕事の見つけにくさ、冬の寒さという不都合な事実も含めて書いてあることです。それでも移り住むというのは、まさに

「100年目の屯田兵」といえるでしょう。

アマゾンのコールセンターへのヒアリングも、北海道開発局のご協力で実現しました。サッポロバレーになぞらえて、福岡の大名地区のIT企業の集積に「大名バレー」という名前をつけたりしたこともあります。当時の福岡市役所は、情報産業にはまったく関心がありませんでした。

立ち上がったばかりの資本金1500万円の時に、北海道国際航空（現在のエアドゥ）の浜田輝男社長にも会いに行きました。スカイネットアジア航空（現ソラシドエア）設立は、北海道国際航空も参考にしています。資金が集まらずに困っていたとき、浜田社長は福岡までお越しくださり、地域航空会社設立の意義について講演してくださいました。福岡での講演の日は、偶然にもエアドゥ第一便の予約開始日でした。携帯電話を片手にして、すぐに満席になったと喜ばれていた社長の顔が忘れられません。

東洋のサンモリッツから世界のNisekoへ

北海道・札幌へのグローバル化の追い風は、外資系企業の本社機能移転だけではありません。いまや世界のNisekoへと発展をとげたスキーリゾートのニセコ地域（ニセコ町、倶知安町、蘭越町）は、グローバル化の追い風を最大限に活かしたケースとして、マスコミに何度も取り上げられています。標高1308mのニセコアンヌプリという山を中心として、4つのスキーエリアと3つの小規模スキー場を持つスキーリゾートです。Nisekoはオーストラリア人の間に人気が広がったことを契機として、「ニューヨークタイムズ」にNisekoの記事が掲載されたことで、世界的な人気を集めるようになりました。

その起源は、2001年の9・11同時テロにさかのぼります。テロを恐れたオーストラリア人スキーヤーが、テロの危険性のある欧州・米州から、Nisekoへとスキー場を振替えたことがはじまりとされています。偶然による「特需」発生が、地域のグローバル化の契機となりました。

2002年4月に公表された「第4次ニセコ町総合計画」のキャッチフレーズは「小さいながらも世界に誇れる暮らしやすさを実感できる〝環境のまち〟『小さな世界都市ニセコ』」でした。Nisekoはスキー場としても安全で、事故が起きないように独自に「ニセコルール」を設定しています。

Nisekoの魅力をさらに付加したのは、「新渡来人」であるオーストラリア人実業家のロス・フィンドレー氏です。フィンドレー氏は、Nisekoの自然資源を最大限に活かしたスキー以外のアクティビティも開発しました。夏場においては、ラフティングやカヤックなどを提供し、ニセコを通年型のリゾートに発展させました。

ニセコ町役場には、5名の外国人職員がいます（正職員はニュージーランド人1名で、国際交流員の国籍は、中国、韓国、イギリス、スイス）。外国人職員によって、グローバル・マーケティング（プロモーション）が行われています（増田寛也監修・解説［2015］『地方創生ビジネスの教科書』文藝春秋、149頁）。現在では、オーストラリアのみならず、アジア地域からの集客も増え、移住や投資も活発になりつつあります。

2007年からニセコに積極的に投資しているのは、香港系の不動産企業PCPDです。国際リゾート化には、外資系企業の力も欠かせません。PCPDは、2019年ニセコで、敷地面積79ha、総床面積62万㎡の「パークハイアットニセコHANAZONO」という高級リゾートを開業する予定です。

ニセコ町の人口は、2000年の4553人（国勢調査）から2010年4827人（国勢調査）、2016年1月の5065人（住民基本台帳調査）へと増加傾向にあります。

2016年1月の外国人住民は294人で、住民の5・8%を占めるまでになりました。

福岡市が約1・8%ですので、内なる国際化はニセコの方が先を行っています。なお、札幌市は0・5%です。

驚くべきことに、留寿都は6・5%、倶知安は6・9%、星野リゾートトマムのある占冠町の外国人住民比率は、9・9%にまで上昇しています（2016年1月）。大使館が多く、また、外資系企業の本社数がもっとも多い、東京都港区の外国人居住比率でも8%です。OECDのInternational Migration Outlook 2015によると、外国人（外国生まれ：Foreign-born）比率はOECD平均で12・7%です。デンマークは8・5%、イタリアは9・4%、オランダは11・6%、フランスは11・9%です。

倶知安町の住宅地の公示地価上昇率は、全国1位の19・7%でした（2016年1月）。外資系ホテルの建設や外国人による別荘購入が地価を引き上げたようです。

北海道総合研究調査会理事長の五十嵐智嘉子氏は、2001年に全国初の自治基本条例である「ニセコ町まちづくり基本条例」が制定され、住民主導の街づくりが行われていた点に着目しています（五十嵐智嘉子「住民自治が守ったパウダースノー」『中央公論』2015年2月号、43頁）。また、2011年には全国に先駆けて「ニセコひらふ地区エリアマネジメント条例」が制定されました。

ＢＩＤ（ビジネス・インプルーブメント・ディストリクト）が導入されており、地区の不動産所有者からロードヒーティング等の費用を徴収しています。建物所有者の８割近くが不在地主で、その半数が外国人のため、地域活動の負担が一部の住民に偏ってしまうという問題への対応策です。

田中義人氏によると、不動産所有者から街づくりの費用を徴収するという、この新しい街づくりのモデルとなったのは、バンクーバーのイェールタウン、ガス・タウン、チャイナ・タウンとスキーリゾートのウィスラー（バンクーバーから車で2時間程度）でした（田中義人「エリアマネジメントの可能性―ニセコひらふ地区の挑戦―」『地方自治職員研修』２０１４年12月号）。

インバウンドや定住外国人の増加は、「道の駅ニセコビュープラザ」（１９９７年5月オープン）にも好影響を与えています。農産物直売だけで3億円の売上げがあり、ニセコリゾート観光協会のショップコーナーも８０００万円の売上げがありました。農産物の直売所は、宿泊客や旅館を経営している人たちも利用しています。ｗｉｆｉ対応、多言語対応もニセコならではです（『マルシェノルド』２０１６年3月号）。道の駅は、グローバルとローカルを地域内でうまく「接合」する拠点になっているように思います。

先駆的な住民自治やBIDの導入というクローズ戦略と、世界のスキーリゾートとしてのグローバルマーケティング戦略によって、日本のニセコは、「東洋のサンモリッツ」としてではなく、世界のNisekoとして、アメリカのアスペン、カナダのウィスラー、スイスのツェルマットといった名だたる世界のスキーリゾートと、グローバルに競争する舞台に立つことになったのです。Go Global!

「世界冬の都市市長会」会長として

福岡市はシアトルを幹事とする「国際地域ベンチマーク協議会」に加盟しています。札幌市は、札幌市民にはあまり知られていないようですが、「冬の都市市長会」という国際都市ネットワークに加盟しています。

「冬の都市」は、積雪寒冷の厳しい気象条件に適したまちづくりという共通課題を抱えています。気候・風土の似ている世界の北方都市が集まり、共通する課題について話し合い、

図７．世界冬の都市市長会会員都市

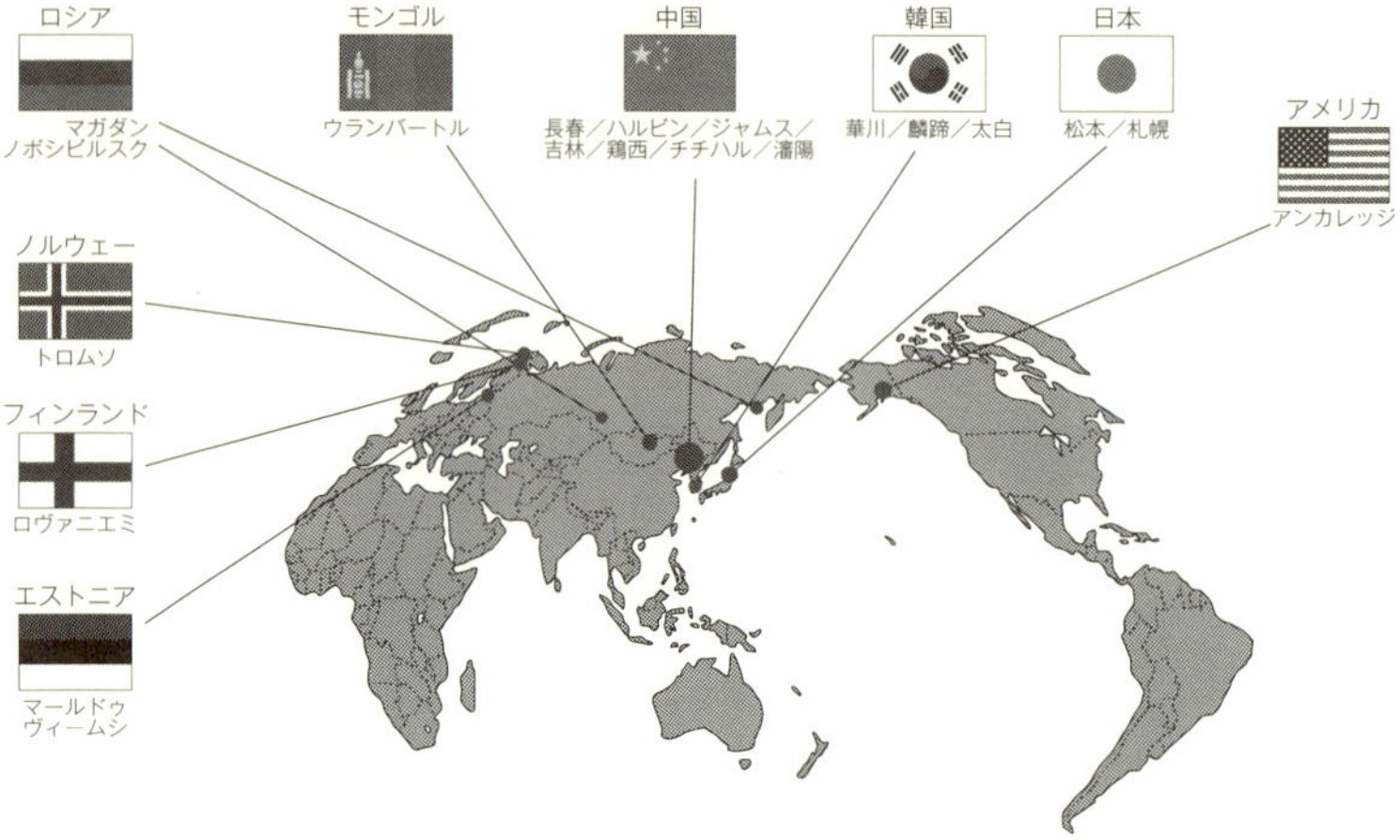

（出所）札幌市。

快適な北方都市を創造することを目的として、札幌市が１９８１年に「北方都市会議」を提唱したのが始まりです。

１９８２年には第１回北方都市会議が札幌で開催され、２００４年の第11回会議において「世界冬の都市市長会」に名称変更されました。「世界冬の都市市長会」の会長は、北方都市市長会の設立当初から現在に至るまで札幌市長が務めています。

札幌市は、これらの都市のなかで、人口規模は中国の都市に劣りますが、経済規模では最大です。成長著しい中国東北部の人口は１・８億人です。また、「世界冬の都市市長会」に加盟していませんが、極東ロシアの主要都市であるハバロフスクとウラジオストクは、札幌から750キロと東京よりも近い距離にあります。しかし、新千歳空港からこれらの都市への直行便は就航していません。

新千歳国際空港は、3000mの滑走路を2本持つ24時間空港です。自衛隊の千歳空港を合わせると4本の滑走路があります。発着枠に十分な余裕があります。さらに、新千歳空港にはJRが乗り入れています。

にもかかわらず、新千歳空港は、自衛隊の訓練のために、中国とロシアからの便を週2日禁止しています。この規制を早期に撤廃し、札幌を拠点とした「冬の都市」ネットワークが形成される時代が来ることを希望していたのですが、菅官房長官は2016年4月に、2016年10月から中国、ロシアからの民間航空機の発着制限をついに緩和すると発表しました。わたしたちは、『インバウンド地方創生』においても、また『地域政策』においても、繰り返しこの規制の撤廃を求めていました。規制緩和が実現することになり、本当にうれしく思っています。

福岡は東アジアの拠点として、新しい発展の軌道に乗りました。札幌は、アジア北東地域や欧米北部地域における「冬のモデル都市」として、北海道経済を牽引する都市圏になれるかどうかが問われています。

「グローバル・フロント」としてのSapporo

2015年国勢調査速報で、北海道の人口は538万3579人となり、2010年より2・2%減少したことが判明しました。それに対して、札幌市は2・1%増加し、195万3784人となりました。

本社機能の受け入れに適しているのは、北海道では都市機能の集積した札幌市、札幌都市圏です。高度人材には、就業面だけでなく、生活面においても許容できる最低水準がありま す。Sapporoは、それらの条件を何とか満たしている状況です。札幌市、札幌都市圏（新千歳空港、苫小牧港を含む）は、北海道のグローバル市場への最前線、「グローバル・フロント」として機能しなければなりません。

九州の最南端に位置している鹿児島県の鹿児島空港からは、上海、台北、香港便が就航していますし、外貿コンテナ貨物も、鹿児島県内の2つの港（志布志港と川内港）で年間8万8千TEU取り扱っています（2014年）。少ないと思われるかもしれませんが、金沢港の外貿コンテナ貨物量は、6万TEU、東北最大の港である仙台塩釜港の外貿コンテナ取扱量は、12万8千TEUです。本書では、国土の末端地域の先端化について論じていますが、地域ブロック単位でみても、同じことがいえるのです。北に台北と基隆、中部に新竹、南に高雄のある台湾の地域構造は理想的です。一極集中ではなく、島のなかを人・もの・情報が流動・循環しています。

北海道の北の末端である稚内が、鹿児島のようなグローバル拠点となればいいのですが。

すでにみてきたように、札幌市の人口はすでに自然減です。人口もまもなく減少に転じます。いたずらに人口を分散することが、北海道の発展につながるとは思えません。

札幌市の問題は、東京都千代田区よりも低くなった出生率（2013年の1・14）です。北海道の出生率も1・27で、東京都、京都府に次ぐ、全国3番目の低さです。地方の道県では最下位です。次章で取り上げる沖縄県の出生率は、全国1位です。九州、沖縄と北海道の差は、グローバル化の進展だけでなく、出生率にもあります。子供を産み育てやすい地域環境を整備するために、ローカル戦略の見直しも必要です。

なぜなら、県間人口移動率は低下してきており、地方の有効求人倍率も1を上回るようになっているため、地方からの人口流出率は、今後低下していく可能性があるからです。地域のＧＲＰは、地域の人口によって規定されるようになります。その意味では、将来のポテンシャルは、北海道よりも沖縄、東北よりも九州の方が高いといえます。

第6章

沖縄のグローバリゼーション

なぜ沖縄県だけプラス成長する？

羽田空港と那覇空港の航空距離は、１６８７㎞です。東京から最も離れた辺境の県、それが沖縄県です。

ロンドンからフランスのパリまでの距離は３４０㎞、ロンドンからドイツのベルリンは９４０㎞、ロンドンからイタリアのローマまでが１４５０㎞です。羽田―那覇と似たような距離を探すと、ロンドンから北アフリカのアルジェリア最大の都市アルジェまでが１６５０㎞で、ほぼ同じ距離です。

２０１１年度の県内総生産（名目）は、沖縄県を除くすべての都道府県でマイナスでした。都道府県全体の成長率は、－６・６％でしたが、沖縄県は＋２・２％でした。

ＮＩＡＣ（南西地域産業活性化センター）は、沖縄県の実質成長率は、２０１４年度は０・９％、２０１５年度は３・４％、２０１６年度は２・７％の見込みだと発表しました。名目では、２０１４年度４・０％、２０１５年度４・４％、２０１６年度３・６％になりま

図8. 地域別の所得と消費の伸び（2015年4−9月）

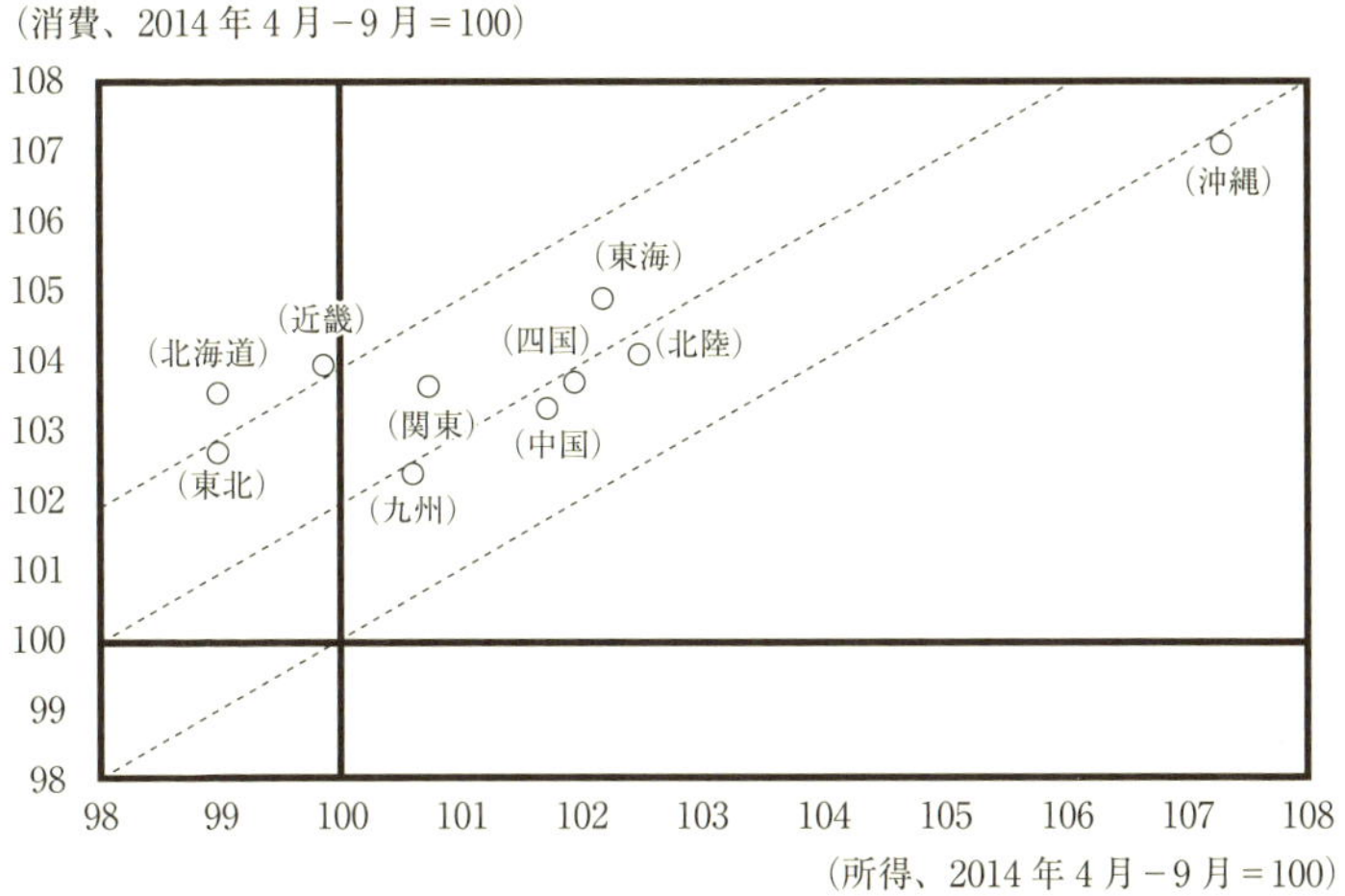

（出所）内閣府［2016］『地域の経済　2015』、6頁。

す。

　また、２０１６年の１人当たり県民所得は、対前年比４万円増の２２８・５万円程度になるとしています。図８からわかるように、沖縄県は、所得と消費の好循環に入っています。

沖縄県成長の3つの要因

　沖縄経済の問題点を挙げるとすれば、若年労働者の失業率ワースト１位、高卒就職内定率ワースト１位、非正規雇用者比率の高さ全国１位、ワーキングプア率や子育て貧困世帯率の高さ全国１位、１人当たり県民所得ワースト１位、賃金水準ワースト１

位などなど、全国最下位の指標には事欠きません。

しかし、失業率は、2003年から2011年までは7%を超えていましたが、2014年は5・4%に低下しました。1人当たり県民所得は、全国平均を100として、2007年度の68・8から、2012年度には、73・9にまで高まっています。

また、2009年度だけでしたが、1人当たり県民所得は、高知県を抜いて全国最下位から脱出しました。2012年度は最下位でした。ですが、沖縄県は、出生率が高く、若年人口比率が高いため、1人当たり県民所得は、計算上不利になる点も考慮しなければいけません。

沖縄県の2015年9月の有効求人倍率0・88は、本土復帰後の最高値です。その時点では、鹿児島県の0・87を上回り、全国46位でした。沖縄県が全国最下位を脱出したのは、2015年4月で、その時の最下位は、埼玉県でした。沖縄県の2015年12月の有効求人倍率は、全国最下位ですが、0・91です。

リーマンショック(2008年9月)の影響を受けた2008年から、沖縄県のGRP成長率>国のGDP成長率(および東京圏のGRP成長率)となる年度が増えています。日本が−3・7%となった2008年度でも、沖縄県は+0・5%でした(実質値)。皮肉なことですが、金融機関の集積していない沖縄県は、リーマンショックの影響をあまり受けなかったのです。

近年の沖縄の成長要因は、基地、地方交付税などの国からの移転所得や公共事業にあるのではありません。2017年度から使用予定の帝国書院の現代社会の教科書のコラム、「沖縄とアメリカ基地」には、政府が莫大な振興基金を沖縄に支出しており、県内の経済が基地に依存している度合いはきわめて高いと記述されていました。この記述は削除されることになりました。

2016年度の地方税収の伸び率では、沖縄県は、愛知県に次いで全国2位の11・7%という高い伸び率を記録しました。成長要因は、コールセンターなどの情報産業の集積、国内外からの観光客数の増加、そして那覇港や那覇空港を核とした国際貨物の増大にあります。

全国1位の出生率

2015年の沖縄県の出生率1・94は、全国1位（全国は1・46）です。2001年の90377人から2014年の54557人へと、人口の自然増加数は減少していますが、沖縄県の人口はいまだ自然増です。

震災と原発事故の影響で、いわゆる「田園回帰」が喧伝された2012年には、社会増が1万663人になるという特殊要因がありました。そのため、その後人口の流出が危惧されたのですが、2014年は37人の社会減、2015年は16人の社会増になっています。

2014年の沖縄県の人口増加率は、東京都の0・68%に次いで、全国2位（0・40%）です。2014年に人口が増加した都道府県は、東京、沖縄、埼玉、神奈川、愛知、千葉、福岡の7都県のみになりました。**国勢調査によると、2015年と2010年の比較では、沖縄県が全国1位の人口増加率（3・0%）で、東京都は2位（2・7%）です。**人口増加した都道府県は、上記の7都県に滋賀県を加えた8都県でした。

鹿児島県、長崎県、北海道のような、生活・生産環境の厳しい離島を多く抱える県では、どうしても人口の社会減は増えざるをえません。沖縄県も本島以外では、一部離島を除き、人口流出している離島が多くなっています。その点を考慮すると、沖縄県の人口が自然増、社会増ということは、実はすごいことなのです。

沖縄県の産業構造は、第3次産業の比率が74・2%と高いのが特徴です。そのため、農林水産業の衰退、工場の海外移転の影響もあまり受けなかったのです。

農業が主産業の北海道、工業生産に特化した東北、金融業の集積した東京圏とは異なる特殊な（脆弱といわれてきた）産業構造が、結果として沖縄経済にプラスに作用しているのですから、不思議なものです。

情報産業の集積によるクラスター化が始まった

沖縄県の戦略は、一言でいえば、「**空間克服**」です（「空間克服」については、山﨑朗・玉田洋編著［2000］『IT革命とモバイルの経済学』東洋経済新報社、第1章を参照してください）。空間障壁（距離の不利性）をいかに克服していくかが、地域発展の最重要課題です。具体的にいえば、空港、港湾、通信を活用した地域戦略です。

翁長雄志知事は、2016年4月に「アジア経済戦略課」を設置する方針を明らかにしました。構想の柱は、①那覇空港を活用した国際物流、②国際観光リゾート、③情報通信産業です。

沖縄県は、1998年3月の「沖縄振興開発特別措置法」の改正を受けて、同年9月に「マルチメディア・アイランド構想」を打ち出しました。1999年12月に「情報通信産業振興地域」として23市町村を指定し、「新通信コスト低減化支援事業」が開始され、通信費の一部が補助対象となりました。2010年にはうるま市に、8000人に雇用創出を目指した沖縄IT津梁パークが建設されました。コールセンターだけでなく、ソフトウエア業や企業業務のアウトソーシングを請け負うBPO（Business Process Outsourcings）の誘致を目指しています。

通信技術の発展と通信費の低下は、沖縄県にとっては慈雨でした。沖縄県は、新しい通信環境の時代において、投資税額控除や地方税の免除などの補助により、全国に先駆けてコールセンターの誘致に成功します。豊富な若年労働者の存在という優位性、自然災害の少なさ（台風を除く）、豊かな自然に加え、各種支援策も充実したため、のちに確認しますが、コールセンター数は増加していきました。また、東京と香港、シンガポールを結ぶ海底ケーブルが沖縄の200㎞沖合を通っていますが、これを沖縄に陸揚げし、東京圏、アジアと沖縄を1本の大容量ケーブルでつなぐことで、「アジア情報通信ハブ」を実現しようという構想もあります。

興味深いことですが、最初に沖縄にコールセンターを開設したのは、外資系企業が多かったのです。その理由として、「沖縄には英語のできる人が多いから」といわれたことがありますが、これは定かではありません。文部科学省の2015年度調査によると、高校3年生の英検準2級以上の比率は、全国最下位でした。バイリンガルによる英語と日本語での対応ができれば、コールセンターとして魅力的ですし、雇用者の賃金も高くなります。

いずれにせよ、外資系企業のコールセンター誘致も「グローバル地方創生」の一部です。すでにみてきたように、北海道に本社機能を移転したのも、フランスのアクサ生命でしたし、アマゾンのコールセンターも札幌にあります。

質的向上に転化する集積力

立地論では、「集積が集積を呼ぶ」といいますが、集積が進むと立地する機能のレベルアップ（ソフトウエア開発、BPOや教育・研修機能の充実等）も進むようになります。関連支援産業や教育機関の集積といった産業クラスター化が進展するのです。2014年8月、NS・コンピュータサービスは、ソフトウエア開発のための「沖縄デベロップメントセンター」を開設しました。この拠点では、東京、長岡などの拠点の上流設計に基づく下流行程の設計を担当します。

理念や高い理想に基づいて、最初から実現困難な高い要求や目標を設定してはいけません。コールセンターだから、下流部門だからといって批判することも好ましくありません。「しょせんシリコンバレーと比較すれば……」といった比較は差し控えるべきです。このフレーズは、産業クラスターに関する講演会の後で何度かいわれたことのあるフレーズです。最初から（すぐに、いきなり）理想を実現することはできませんし、シリコンバレーになる必要もありません。ゆっくりと時間をかけて粘り強く、地域産業のステップアップを図ればいいのです。過去よりも現在、現在よりも未来がレベルアップすれば成功です。

総務省の統計である「経済センサス」は、「事業所・企業統計」と産業分類、調査手法が異なっており、過去との比較がしにくくなっています。

そこで、沖縄県企画部がまとめた『経済情勢　平成26年版』（図9）によると、沖縄県に立地した「情報通信関連企業」は、2001年の41社から2013年の301社にまで増加しています。それらの企業に従事する雇用者数は、同期間に4186人から2万4869人に増加しました。注目すべきは、コールセンターの事業所数、従業者数は減少に転じたこと

図9．沖縄へ立地した情報通信関連企業数及び雇用者数の推移

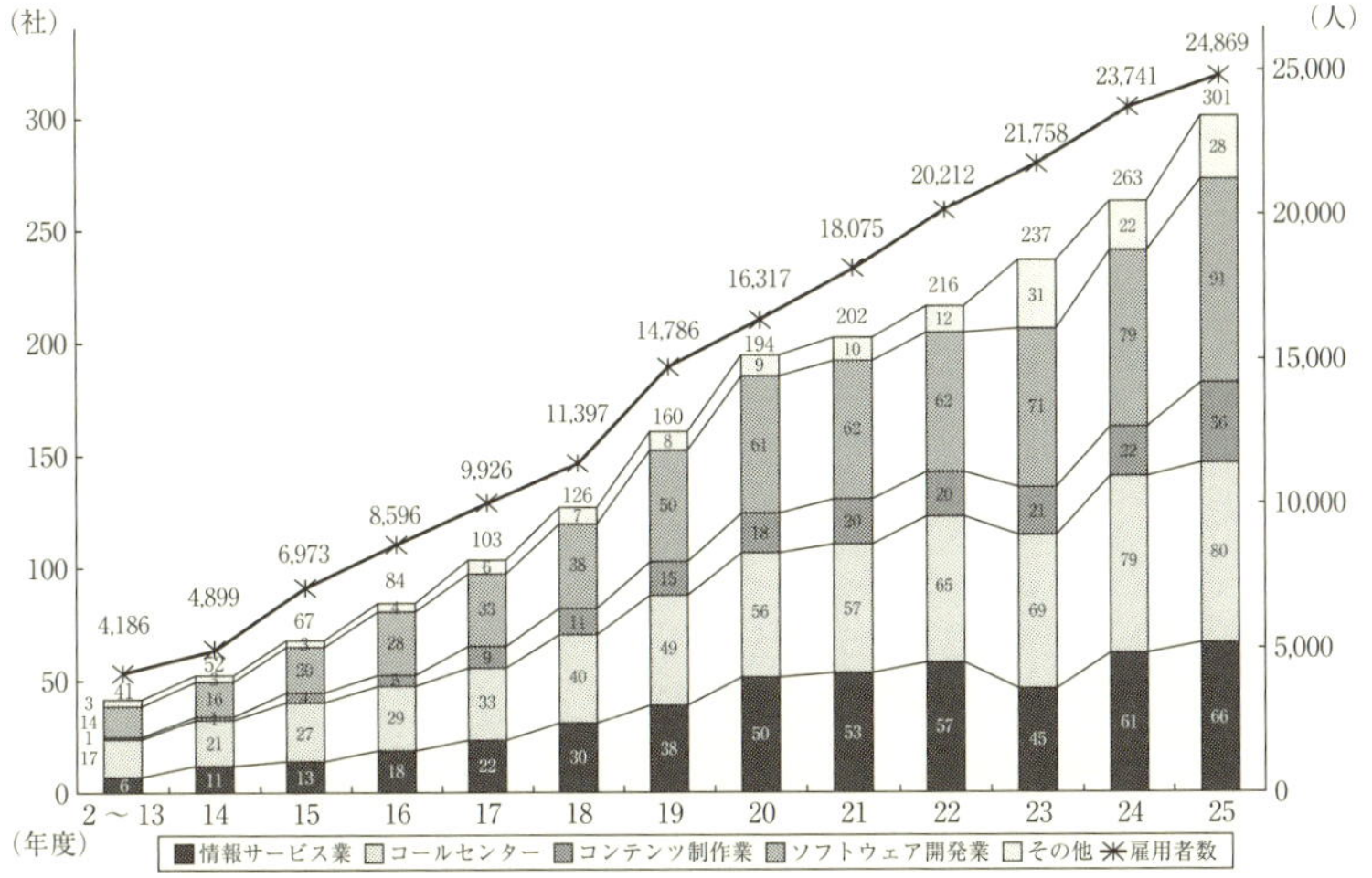

（出所）沖縄県企画部『経済情勢　平成26年版』。

です。

すでに沖縄県に8拠点を有する「トランスコスモス」（東京都渋谷区）は、２０１５年10月、県庁前に9拠点目（全国では49拠点目）となる「マーケティングチェーンマネジメントセンター那覇県庁前」を開設し、５００人を雇用するとしています。

また、電通は、２０１６年1月、「りらいあコミュニケーションズ」と共同出資した子会社による、インターネット広告を運用する拠点を那覇市に開設すると発表しました。１００名採用予定です。

沖縄県といえども、若い女性が無尽蔵にいるわけではありません。沖縄県の有効求人倍率も1に近づいてきており、失業率も

低下しています。注文受注や苦情対応のためのコールセンターから、企業の本社業務の一部を担うＢＰＯ、広告業務、ソフトウエア開発へとシフトする段階に入っています。

まだまだ伸びる沖縄へのインバウンド

１９７３年に沖縄県を訪問した国内外の観光客数は、わずか44万人でした。２０１４年には７０６万人、２０１５年には７１７万人になりました。２０１５年11月まで38カ月連続で増加しています。２０１５年の外国人延べ宿泊者数は、対前年比64・０％増となり、全国の48・１％増を上回りました。沖縄県の外国人延べ宿泊者数は、３９２万人で、北海道の５４８万人には及びませんが、福岡県の２３８万人、愛知県の２２５万人を上回っています（観光庁調べ）。

また、沖縄県の在留外国人の伸び率は、２０１１年から２０１５年にかけて41・３％増で、東京都、福岡県、北海道の伸び率を大きく上回りました。沖縄県のシティホテルの客室稼働率は、２０１２年から20ポイントも上昇し、81％となり、全国8位にまでランクアップしています（『地域の経済　２０１５』、10頁）。福岡県は6位で、北海道は14位でした。

これらの背景には、モノレールによる空港アクセスの改善、那覇空港新国際線旅客ターミナルビルや那覇港那覇クルーズターミナルビルの整備、LCCの増加、さまざまなキャンペーンや日本政府によるVISAの緩和と着陸料の減免（とくに沖縄を対象とした）などがあります。

海外からのインバウンドで一番多いのは台湾、2位は中国です。観光収入は、1973年の324億円から2015年の5342億円へと急増しています。

沖縄県へのインバウンド客の増加を受けて、オランダの「ブッキング・ドット・コム」は2015年に、アメリカの「エクスペディア」は、2016年に那覇に拠点を開設しました。ホテルの新設や改修も増加しています。森トラストは、2020年までに沖縄県本部町で大型リゾートホテルを開業すると発表しました。東急不動産はNTT都市開発などと恩納村にリゾートホテルを建設します。東急リバブルも那覇市と名護市でホテルを建設する予定です。

アメリカのホテル企業であるヒルトン・ワールド・ワイドは、2016年7月に那覇で「ダブルツリー・バイ・ヒルトン那覇首里城」を開業します。「ホテル日航那覇グランドキャッスル」からのブランド変更ですので、新設ホテルではありません。ヒルトンが沖縄で運営するホテルは3カ所（全国13カ所）となります。

２０１５年の那覇港へのクルーズ船寄港回数は、博多港２５９回、長崎港１３１回、横浜港１２５回に次いで、全国４位の１１５回となりました。沖縄県の石垣港も84回で６位でした。那覇港ではボーディングブリッジが完成しましたが、クルーズ船は２０１５年６月に博多港に入港した「クァンタム・オブ・ザ・シーズ」のように、16万７８００ｔ（乗客定員４１８０人）にまで大型化しています。

今後は、２０１８年以降日本航路に就航予定の22万ｔ級のオアシス級クルーズ船に対応できるクルーズセンター、埠頭整備や乗客を運ぶバスなど、受け入れ体制の高度化と大型化が必要です。

新しいツーリズムへの挑戦

沖縄県北部でのリゾート地の近くでのクルーズ船受け入れや、北部での新空港の建設なども、長期的な課題となるでしょう。すでにみてきたように、本土の多くの県では、青森、山形、秋田、石川、島根、山口、福岡など、１県2空港体制となっています。リゾートが集中した沖縄北部での港湾、空港の整備は、沖縄の南北格差の是正だけでなく、沖縄経済の発展のためにも有効です。

インバウンドは、観光だけではなくなりつつあります。**沖縄が狙っているのは、リゾート・ウエディング、ウェルネスツーリズムと医療ツーリズムです。**

沖縄県の発表によると、県外カップルの結婚式は、1999年の約200組から2015年には1万4175組にまで増えました。香港や台湾などの海外からは、1458組でした。日本人のハワイ挙式は2万組と推計されており、ハワイとの競争を意識する段階に入りました。参加者が多く、滞在日数も長いウエディングとハネムーンの誘致は、今後の沖縄観光の新しいターゲットです。

ウェルネスツーリズムや医療ツーリズムもようやく動き出しそうです。豊見城中央病院は、2010年から中国人観光客のがん検診を行っています。中国人と台湾人の通訳スタッフを雇っています。2011年にタイの病院と提携しました（『琉球新報』2011年8月26日刊）。

再生医療技術を売りにして、国内外から患者を受け入れる計画です。東京女子医大と協力して、食道がんに対する再生医療の臨床研究を行い、将来的には沖縄観光と組み合わせた医療ツーリズムに結びつける予定です。インドの病院とも提携して、入国ビザ、送迎などの体制について検討を始めています。

ＡＮＡ沖縄貨物ハブの強烈なインパクト

２０１１年に「沖縄における国際物流拠点の形成施策検討調査委員会」に参画し、ＡＮＡ沖縄貨物ハブの現場を視察しました。深夜1時に委員会を開催するという経験は初めてでした。２０１５年にも再度お話を伺いに行きました。

国際航空貨物構想の基礎となったのは、１９９２年に策定された第3次沖縄振興開発計画でした。そのコンセプトは、「我が国の南における国際的な物流中継加工拠点の形成を図る」というものです。沖縄県は、政府の「アジア・ゲートウェイ構想」を受けて、「アジア・ゲートウェイの拠点形成に向けた取組方針」を２００７年にまとめます。

２００８年には那覇空港に新貨物ターミナル４・４haが整備され、年間40万ｔの航空貨物を受け入れるハードが整備されました。このようななかで、ＡＮＡが那覇空港を拠点とした「国際貨物基地構想（沖縄貨物ハブ構想）」を発表したのです。

図10. ANA沖縄貨物ハブのネットワーク

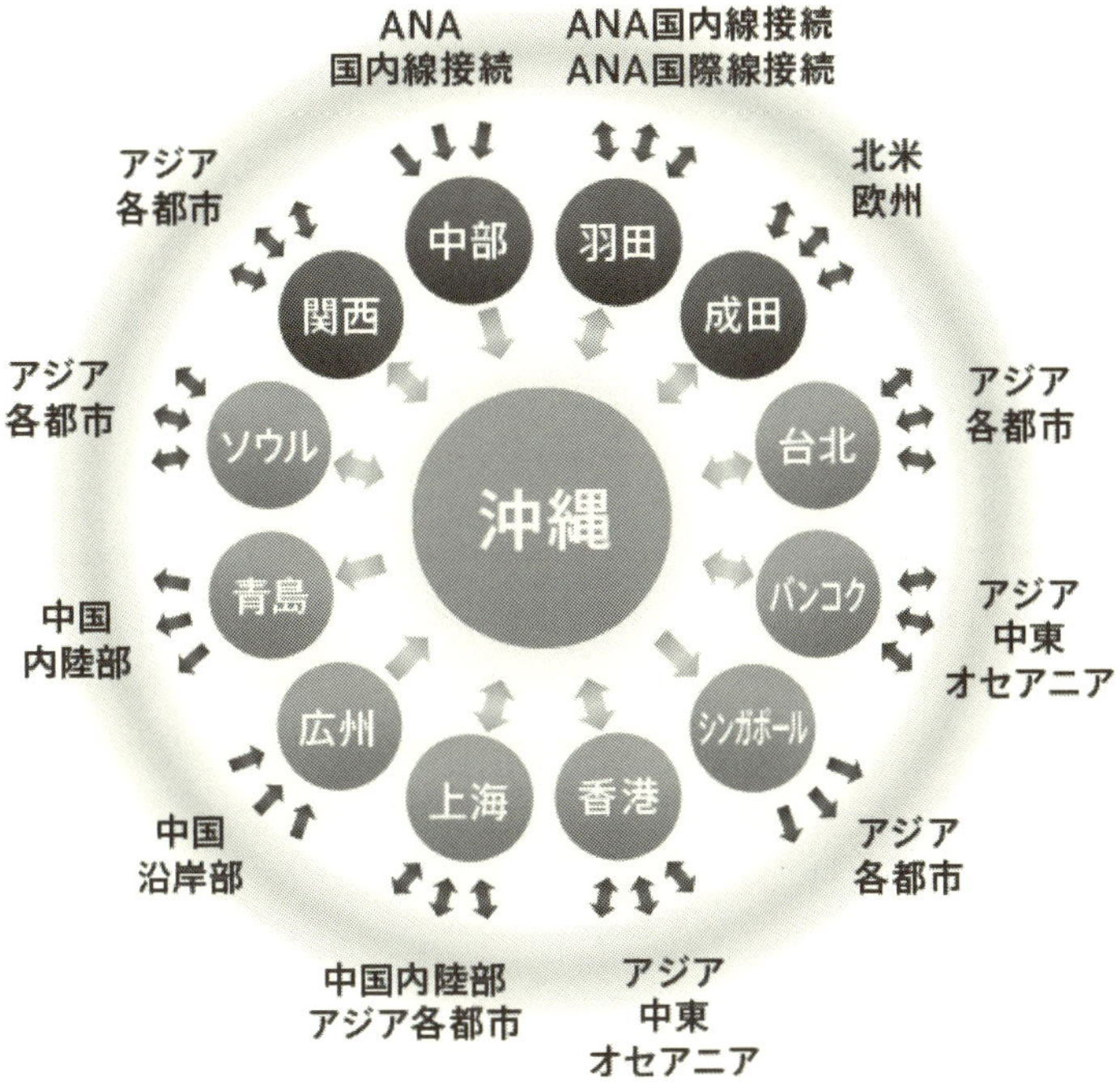

那覇空港をハブ空港として、国内の拠点空港とアジアの主要空港を、深夜の貨物専用便（B767）で週150便、年間40万tの航空貨物を取り扱うという構想でした。ANAは、2009年の冬ダイヤから海外5都市（ソウル、上海、台北、香港、バンコクは台北経由）と国内の成田、羽田、関西の3空港と那覇空港の航空貨物便を導入しました（津覇隆［2009］「『アジアの物流拠点・那覇空港』の始動」『しまたてぃ』51号）。

現在は、海外8空港、国際4空港に拡大しています（図10参照）。

委員会で問題となっていたのは、①貨物量が少なく赤字の事業となっている②沖縄発着の貨物がきわめて少ない③中国本土向けの貨物が少ない——という点でした。②については、まだ課題が残されているようですが、①については、ヤマトホールディングス傘下のヤマト運輸や沖縄ヤマト運輸との共同事業によるパーツセンター、国際宅急便、国際クール宅急便（国際間の小口冷蔵輸送サービス）による地方の農林水産物輸送によって、今後の貨物量の増加も期待できるようになりました。

また、貨物機を夏の繁忙期に旅客機材としても共用することで、沖縄への観光客の増加にも寄与してきています。

2013年にファーストユーザーとして、パーツセンターを設置したのは、東芝自動機器システムサービス（本社：川崎市）です。当初3号棟で業務を開始しましたが、取り扱うパーツや種類が増えることが予想されたため、3号棟よりも広い、写真7の沖縄グローバルロジスティクスセンターに移転しました。

故障や修理に必要な保守パーツをパーツセンターに保管し、24時間スピード輸送通関を活用した、アジア向けの最短翌日配送や欧州向けの輸送も行われています。

写真7．沖縄グローバルロジスティクスセンター（那覇）

（出所）ヤマトホールディングス提供。

今後は、パーツセンターのほかに、壊れた機器を回収し、保税状態のまま沖縄で修理するというリペアセンター、化粧品の製造支援、さらにはアジア全体を睨んだeコマース倉庫などの立地の可能性も高まっています。リードタイムの短縮、輸送費用・保管費用の削減効果が見込めるようです。

ヤマトホールディングスが、写真7の「サザンゲート」（沖縄グローバルロジスティクスセンター）を稼動したのは、2015年11月18日です。サザンゲートは、国際物流拠点産業集積地域内に建設された4号棟の愛称です。愛称は社員公募で選ばれました。サザンゲートは、5階建てで、面積は2万6590㎡です。すべての階にトラックが入れ、駐車スペースは97台あります。

サザンゲートには現在、すでに紹介した東芝自動機器システムサービスのほか、東芝インフラシステム、ホシケミカルズ（化粧品メーカー）、サンスターの4社が入居しています。今後食品メーカーや精密機械メーカーなど40社程度が入居する見込みとなっています（『琉球新報』2015年11月18日）。

さらに那覇空港は、製品の輸出拠点としても活用されています。渋谷工業の子会社沖縄先端加工センターは、輸送時間の大幅な短縮化を図るために、沖縄からLED検査装置を輸送するようになりました。以前は金沢→大阪港→船で運んでいました。

2014年度の那覇空港の国際航空貨物量は、18万4871tとなり、中部空港を上回り、成田、関西、羽田に次ぐ全国4位にランクされるまでになっています。新千歳空港の18倍です。18万tのかなりの部分は、ANAの貨物機で運ばれていると思われます。

2015年6月には、MROジャパンの設立も発表されました。MROは、Maintenance, Repair, and Operation の略です。ANA、ジャムコ、三菱重工業と沖縄の地元企業が出資しました。500人規模のエンジニアによって中小型機の整備（航空機のエンジン分解などの重整備を含む）を行う予定です。将来、ＭＲＪの整備もここで行われる可能性があります。沖縄工業高等専門学校は、人材育成のために、２０１５年度から航空技術者プログラムを開始しています。24時間運用可能な那覇空港では、現在2本目の滑走路が建設中です。自衛隊基地、貨物ターミナル、航空機事業用格納庫などの適切な配置を実現するために、滑走路間の埋め立ても必要だと思われます。これらのインフラ整備が進展すれば、那覇空港を核とした航空関連産業クラスターの実現も可能かもしれません。

国土交通省は、航空整備基地整備10年後の経済効果を291億円、雇用波及効果を1971人と試算しています。

日刊工業新聞社は、２０１５年7月1日、那覇支局を開設しました。これまで沖縄県は、製造業とは無縁と思われてきました。事実、工業統計表の各種指標では、全国最下位が定位置でした。いまだに、付加価値額では全国最下位です。しかし、工場数では、鳥取県や高知県を上回っています（２０１４年の工業統計表速報、従業者数４人以上）。従業者数や製造品出荷額等でも、近年高知県を上回るようになりました。静岡大学准教授の與倉豊氏は、那覇都市圏への鉄鋼業企業の支店立地が増えていると指摘しています。

単純なものづくりではなく、国際物流の拠点、保守・点検・修理のためのパーツセンターや、パーツの組み立て、海外で使用されている装置の修理そして航空機の重整備など、日本のものづくりを支えるユニークなポジションを、沖縄は確保しつつあります。

東レ経営研究所チーフエコノミストの増田貴司氏は、「物流が競争力を決める時代」になったと論じています。ANA沖縄貨物ハブは、地域の振興という観点から捉えるだけでなく、日本企業や日本の地方のグローバル物流力の向上に寄与しているという点からも見ていく必要があります。

ヤマト運輸の子会社であるヤマトグローバルロジスティクスジャパンは、中国のインターネット通販第2位の京東および中国郵政集団（チャイナポスト）と提携し、2016年5月から日中間の「越境ＥＣ」を開始すると発表しました。中国でのネット通販による日本製品の売上高は、2018年には1兆4千億円程度になると見込まれています。中国政府の越境ＥＣへの課税方式は変更されるため、日本からの日用品の輸出は増加するでしょう。この越境ＥＣに、沖縄貨物ハブがどのように活用されるのかは、まだわかりませんが、日中間に限らず、アジア諸国間との越境ＥＣの拡大は、沖縄貨物ハブの新しい成長基盤となるかもしれません。

LCCピーチの那覇空港第2ハブ化戦略

ANA沖縄貨物ハブは、那覇空港をハブとして、日本とアジアをネットワークするという、貨物のハブ空港化です。国際旅客においても、那覇空港をハブ空港にしようという航空会社が現れました。LCC（Low Cost Carrier：格安航空会社）のピーチです。那覇―台北の最安値運賃は、驚きの1990円（2016年4月11日―5月31日）です。

ピーチは、2011年5月に本社を東京都港区から大阪府泉佐野市に移転し、関西国際空港をハブ空港としてきました。保有機材数は、2015年11月現在17機で、すべてリースです。今後は、機材を自社購入する予定です。

ピーチは、LCCの勝ち組といわれています。搭乗率は、85％程度あります。2015年度の旅客数は、約400万人です。2016年度の旅客数の目標は、500万人から600万人へ、2017年度は600万人から700万人としています。

ピーチは、2015年11月にCAPA（Center for Asia Pacific Aviation）World Aviation Summit 2015において、2015年アジア太平洋地域LCCオブ・ザ・イヤーを

図 11．沖縄の地理的優位性

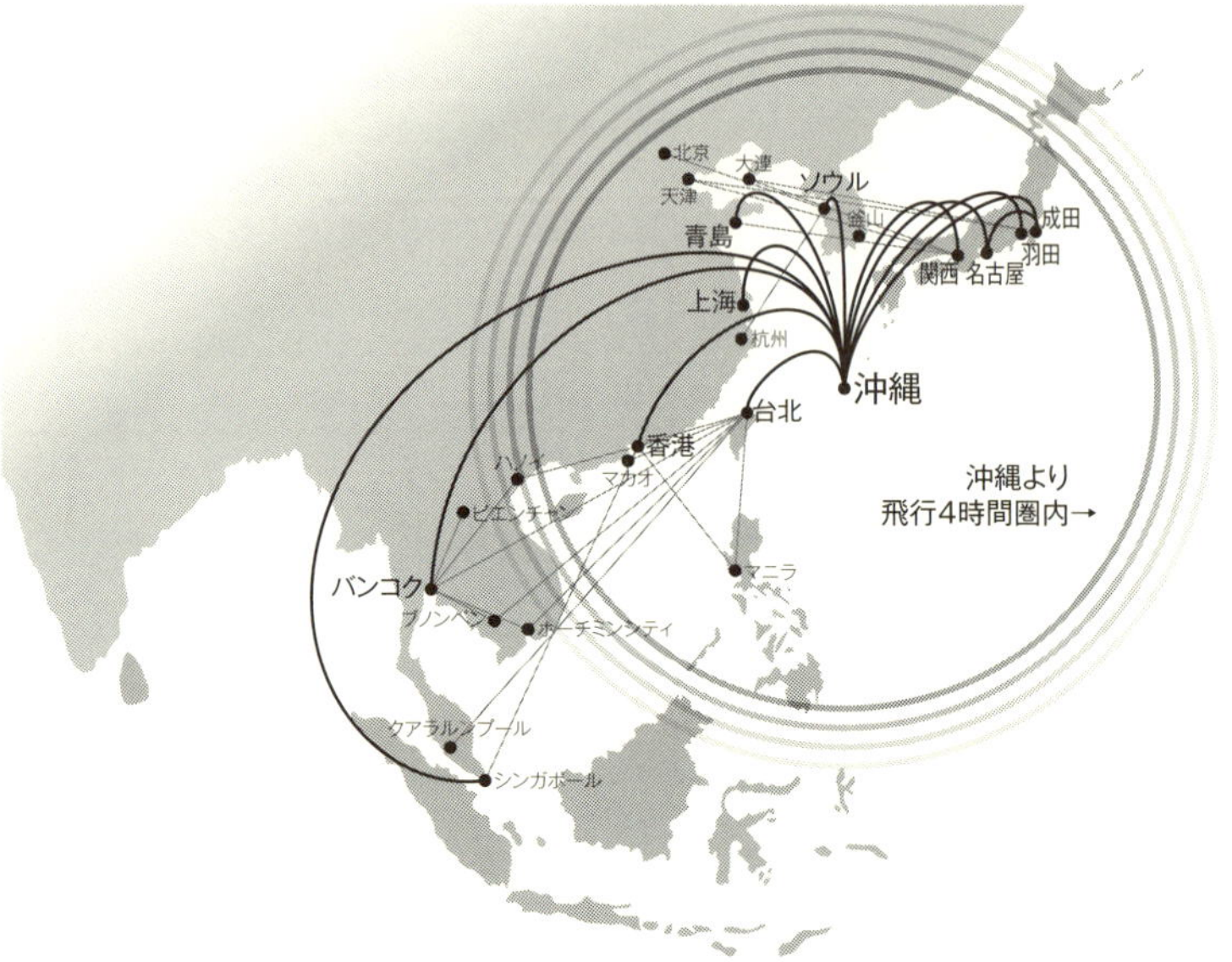

受賞しました。

　そのピーチが、第２ハブとして選んだのが、那覇空港です。２０１６年秋から、那覇空港ベースの客室乗務員を採用するとしています。２０１６年６月にエアバスからＡ３２０機を受領したのち、Ａ３２０の１機を那覇空港に常駐させ、那覇空港でもＡ３２０の整備ができるようにするようです。

　ＡＮＡにピーチも加われば、那覇空港の整備拠点化にも貢献すると思われます。

　ピーチは、２０１６年３月現在、那覇空港発着の国内線を３路線（成田、関空、福岡）と国際線３路線（台北、香港、ソウル）を運行しています。今後は、那覇空港からホーチミン、ハノイ、バンコク、クアラルンプール、シンガポールなどへの就航を検討しています。図11は、ＡＮＡ沖縄貨物ハブのネットワーク図ですが、この図をみると、国際旅客における沖縄の地理的優位性も明らかです。格安運賃を武器にして、関空、成田から那覇空港経由のアジア行きの旅客の獲得を目指します。関空から台北に行った帰りに、沖縄で遊んでから関空に戻る、といった使い方もできるようになります。

那覇空港は、航空貨物だけでなく、国際旅客においても、ハブ化の方向へ着実に動き始めました。ピーチの那覇空港第2ハブ空港化の課題は、アジアの主要空港の混雑かもしれません。

船によるネットワークは広がるのか？

航空貨物だけではありません。船においても新しい動きがあります。日本通運の子会社である琉球物流株式会社は、２０１５年12月から那覇港—香港間の海上リーファ（冷凍）混載サービスを開始すると発表しました。日通はこれに合わせて博多港—那覇港、東京港—那覇港の内航船のリーファサービスも開始します。航空便よりも時間はかかりますが（海上輸送に4日、受け取りまでには約10日）、輸送費用は40％程度安くなるとのことです（日本通運HP）。

このサービスは、琉球物流が那覇市内に建設した3温度帯倉庫を発着のCFS（コンテナ・フレイト・ステーション）として活用することで実現しました。航空貨物では運びにくい重量のある農林水産物については、時間がかかりますが、やはり船で運ぶ方が有利です。きちんと保冷されていれば、品質はそれほど低下しません。

表2を再度見てください。那覇港のコンテナ貨物取扱量は、国内貨物が多いとはいえ、苫小牧港や仙台塩釜港よりも多いのです。国際コンテナ貨物が増えれば、海上貨物においても、アジアと日本を結ぶハブ的なポジションになる可能性は高い、とはいえませんが、ないともいいきれません。

ただし、現実が厳しいのは事実です。2015年5月、ICTSI（フィリピン企業）は、那覇国際コンテナターミナル社のターミナル事業から撤退しました。ICTSIは2005年から、那覇国際コンテナターミナル社の60％の株式を所有していました。県内外の6社が40％所有していました。

トランシップ貨物（積み替え貨物）が集まらなかったのが理由です。トランシップ貨物は目標40万個に対して、実績は0でした。貨物量の目標60万個に対して、2014年実績は8万4千個にとどまっていました。

那覇国際コンテナターミナル社は、2015年12月に三井倉庫の参加を得て、仕切り直しとなりました。三井倉庫の参加は、トランシップ貨物の集荷にプラスに作用するという見方が多いようです。

ANA沖縄貨物ハブ、琉球物流のリーファサービス、三井倉庫の那覇国際コンテナターミナル事業への参画の相乗効果によって、沖縄のアグー豚などの地場産品の輸出拡大につながるかどうか、トランシップ貨物の集荷が実現するかどうか、注目していきたいと思います。

地方創生を支える那覇空港

日本貿易振興機構の調査によると、中国人が食べてみたい日本の食品1位はイチゴでした。3位サクランボ、4位モモ、5位ブドウと、まだほとんど輸出されていない果物類です。すでにみてきたように、日本の農林水産物・食品の輸出が増えているといっても、ホタテやサバ、ソース、日本酒などで、日本の地方の農産物の輸出は本格化していません。

この状況を打破するには、国際物流問題を解消しなければなりません。三重県は、ANA貨物ハブを活用する業者に対して、輸送費の1／2を補助することになりました。ヤマト運輸は、青森県、熊本県、愛媛県などと県産品の国内外への流通拡大に関する連携協定を結んでいます。

ANA貨物ハブ事業開始によって、那覇空港での国際航空貨物量は200倍近くになったのに対して、沖縄県からの輸出は、2倍程度にしか増えていないとみられています。沖縄発着の貨物を増加させることは大切です。

しかし、沖縄が日本各地の「グローバル地方創生」を支える拠点として機能していることを評価したいと思います。青森県のホタテは、那覇空港からヤマト運輸の国際間の小口保冷輸送サービス（「国際クール宅急便」）で香港に送られています。日本の農林水産物の輸出上位にホタテがランクされるようになった背景の一つには、ANA、ヤマト運輸、沖縄県による那覇空港の活用策があったのです。

農林水産省も2015年8月、ANA沖縄貨物ハブを活用し、イオン、全国農業協同組合連合会、ヤマト運輸と連携して、国産ブランド農産品をアジアへ輸出する仕組みをつくると発表しました。現地でショッピングセンターを運営しているイオンがインターネット販売のサイトを作成し、地元消費者のニーズに合う地方の農産品の販売を行うという事業モデルです。

２０１５年度は、青森県のリンゴ、山梨県のブドウ、新潟県の米、北海道のメロンなどの20品目程度ですが、２０１６年度には牛肉や日本酒を含め、50品目程度の輸出を目指しています。

国際航空貨物だけでなく、国際旅客においても、将来、那覇空港が地方創生に貢献する可能性がないわけではありません。現在ピーチの国内線は、那覇―成田、関空、福岡の3路線だけですが、那覇空港の国際線を増加させるという第2ハブ化が進展すれば、将来は国際旅客においても、沖縄経由での地方への外国人観光客の誘客につながるかもしれません。

第7章

グローバル地方創生に向かって舵を切れ

東京飛ばしの地方創生戦略を考える

空港を活用できれば、世界と直接（あるいは間接的に）つながることができます。空港のない府県は、日本に10だけです。1県2空港の県も少なくありません。離島にも空港は整備されています。航空会社、運航形態も、LCCやチャーター便、プライベートジェット機など、航空の世界では、「多様性」が拡大しています。

内陸の県を除くと、日本各地に港湾は整備されています。今こそ、地方に整備されてきた空港や港湾のポテンシャルのMAX化を目指すべきです。

本書で論じてきた福岡の優位性は、市内に福岡空港と博多港があり、しかもそれらがお互い近距離にあるという点にあります。

佐賀空港ですら、国際便や貨物便を誘致できるのです。佐賀空港の愛称は、「九州佐賀国際空港」になりました。佐賀県出身の著者からみても、ちょっとやりすぎの感はありますが、地域ポテンシャルをMAXにするためには、このくらいの意気込みは必要かもしれません。神戸空港のポテンシャルMAX化もぜひ見たいものです。愛称は、「マリンエア・インターナショナル空港」でどうでしょうか。

そして何より、インターネットを活用すれば、格安かつ多言語で世界に情報を発信できます。世界各地の多様な企業、自治体、政府、ＮＰＯ、住民と、簡単にかつ低コストで接触できるようになりました。これがインターネットの特色である「リーチ」です。


本書で繰り返し主張してきたように、未来を見据えて地方の農山漁村や地方都市（都市圏）がチャレンジすべき課題。その一つは、まちがいなくグローバリゼーションです。

北海道、福岡、沖縄は、１９８０年代後半からすでに取り組み始めました。今その成果がようやく現れてきたのです。ニセコだけでなく、大分県の湯布院も、外国人観光客をこの5年で2倍に増やしています。湯布院の商業地の地価も、２０１６年に15・4％上昇しました。

福岡空港や博多港のグローバル化は、福岡市、福岡県を超えて周辺県にまで波及しています。

政策評価には、時間軸が大切だと指摘しました。本書で紹介した事例の多くは、20年から30年近い時を経て得られた成果なのです。


国際会議、国際スポーツ大会、外資系企業、留学生、高度外国人人材誘致はハードルが高いというのであれば、まずは、**インバウンド誘致**（地方旅館への外国人客の誘客、クルーズ船やピーチなどのＬＣＣの誘致など）と**クレジットカードの利用できる店舗や免税店、無料ｗｉｆｉを増やす**ことから始めるのがいいと思います。シンガポールの「スクート」は、新千歳空港に、香港のＶエアは、茨城―台北に就航し、韓国ティーウェイ航空は、大分―ソウルを週2便から6便に増便予定で、香港エクスプレスは、２０１6年7月に高松―香港便を就航させる予定です。佐賀空港にすら、上海便とソウル便が就航しているのです。

政府は、訪日外国人数を２０２０年に４０００万人、２０３０年に６０００万人にするという新しい行動計画を発表しました。地方での外国人延べ宿泊者数を、２０１５年の3倍の７０００万人にするというユニークな目標も掲げました。２０１５年に3・4兆円であったインバウンド消費を、２０２０年に8兆円、２０３０年に15兆円にするという、きわめて野心的な目標も設定しています。今後、地方の空港、港湾からの入国者数と地方の旅館、ホテルでの外国人宿泊者数が激増しないかぎり、これらの目標を達成することは不可能です。

２０２０年を見据えた政府の新たな観光ビジョンの原案には、外国人観光客の多い観光地では、**クレジットカードを全面的に使えるようにする**計画が含まれています。「地方創生は、政府からの自立だ」と威勢のいいことをつい言ってしまいましたが、政府の支援や補助金がいただけるようであれば、ここは黙っていただいておきましょう。クールジャパン機構の観光ファンドやJETROの情報網を活用するのもいいと思います。

ＪＴＢは外国人観光客向けに、「オーセンティック・ビジット・ジャパン」というサイトを通じて、**農家民泊**の取り扱いを始めています。ラフティングやフットパスのような**自然体験、農業体験、**そば打ちなどの**文化体験**はこれから人気になるでしょう。韓国済州島から始まった「オルレ」というハイキングスタイルは、九州各地でも人気となっており、とくに「九州オルレ武雄コース」は、韓国人に人気です。

環境庁も、ようやく重い腰を上げ、阿寒国立公園などをインバウンド増加に活用する方針に転換しました。「国立公園ステップアッププログラム２０２０」という計画を策定するようです。

外国人観光客向けに、古民家や廃屋を再生するのもいいと思います。すでにアレックス・カー氏が関与した徳島県祖谷地区や長崎県五島列島の小値賀など、各地で成功事例があります（日本政策投資銀行地域企画部「古民家の活用に伴う経済的価値創出がもたらす地域活性化」２０１５年４月）。アメリカの口コミサイト「Yelp」によると、外国人に人気の東京スポット１位は、表参道にある古民家カフェ「オモテサンドウコーヒー」（残念なことに、２

015年12月30日に閉店しました）でした。兵庫県篠山町では、一般社団法人ノオトにより、築100年以上の古民家4棟が「NIPPONIA」として一つの宿泊施設として運営されています。フロントのある古民家と2㎞離れた別棟もあります。1人3万円から4万円の宿泊費ですが、ほぼ満室となっています。国家戦略特区を活用した日本初の試みで、地域活性化支援機構（REVIC）の子会社による融資で実現しました。歴史的に価値のある古民家は、全国に100万棟以上あるといわれています。

半径2㎞圏内の地元の人向けのカフェや農家レストランが、半径2000㎞圏内の外国人観光客にも地元の食材を使った食事を提供すれば、そのサービス部分は、基盤産業（移出産業）化したことになります。インバウンド消費は、統計上は輸出にカウントされます。**地方のカフェやレストランも、「輸出産業」になりうるのです。**

世界の旅行者数は、2009年以降一貫して上昇しています。2015年度の訪日外国人数は、2136万人と、ついに2000万人を突破しました。2000万人は、2020年に達成するとされた目標値でした。熊本地震の影響が危惧されますが、このままのペースでいけば、2015年の1974万人を上回り、2016年は2500万人から2800万人程度にまで増加するかもしれません。2015年のインバウンド消費は、前年比71・5％増の3兆4771億円に達しています。2030年のKPIは、15兆円です。

地方は、このビッグチャンスを逃してはいけません。旅館の部屋の洋室や洋式トイレへの改装には、観光庁の補助金も用意されています。ふるさと納税や投資ファンドを活用して、古民家も再生しましょう。

国公立、私立を問わず、大学は、日本の若年層の減少、多様な学生の確保、世界大学ランキングを意識して、留学生の獲得に力を入れています。地域社会も大学のグローバル化に対して、直接・間接の支援をすべきです。とくに、地域の企業による留学生の積極的採用が望まれます。

大学がない地域では、**高校や専門学校に留学生を誘致**すべきです。調理、被服、鍼灸、理容、アニメ制作などに興味を持つ外国人は増えています。2015年5月時点で、日本で学ぶ外国人留学生数は、前年同期比で13%増加し、20万8379人になりました。ただし、大学・短大への留学は、2%増の6万9405人にとどまっており、専門学校や日本語学校への留学生数は、20%近く増加しています。福岡の事例で紹介したカナダ人のミカエラさんも、福岡スクールオブミュージック専門学校の留学生でした。

次に、HP、標識、案内板、パンフレット、メニュー等の**多言語化**、農林水産物やエネルギーの**輸入代替**、**国際認証機関の国際認証（農作物のグローバルGAPや水産物のASCなど）の取得**、**海外での商談会の開催**、**世界的な品評会や見本市への出展**、**農林水産物・食品や伝統工芸品の輸出**、**住民（とくに子供たち）の外国語能力の向上**、**SNSやYouTubeなどを活用した多言語での情報発信**、**イスラム教（ハラル）やユダヤ教（コーシャ）の宗教上の対応**へと手を広げていくとよいでしょう。イスラム教やユダヤ教の外国人観光客や留学生を誘致するためには、宗教上の対応が不可欠です。

ハラル・ジャパン協会などのムスリム対応のホテル、レストラン紹介サイトなども活用できるようになりました。東京や京都では、ハラル認証を受けたラーメン屋も登場しています。東急グルメフロントも「ハラルフードサービス」という子会社を2015年に立ち上げています。ハラル食品メニューの対応言語は、19言語です。ロイヤルも福岡市内にハラル対応の食品工場を建設していますし、那覇空港近くの機内食工場も、ハラル対応になっています。立命館大学と神戸外語大学の学食も、ハラル認証を取得しています。ハラルメニューを提供している大学も増えています。

森永製菓、カルビーなどのお菓子メーカーも、ハラル対応のスナックを販売するようになりました。イオン、資生堂、ライオンなどは、食品以外のハラル商品、すなわちハラル日用品、ハラルコスメの開発と販売に乗り出しています。

ハラルだけでなく、さまざまなグローバル認証を取得することも大切です。２０１６年３月、東日本大震災で被災した南三陸町戸倉志津川湾南部のカキ養殖業は、日本で始めてＡＳＣ（水産養殖管理協議会）の認証を取得しました。２０１６年２月には、青森県五所川原の五所川原リンゴ農園と選果場、冷蔵庫がグローバルＧＡＰを取得しています。ＡＳＣやグローバルＧＡＰの取得は、農林水産物のブランド化、高付加価値化、輸出促進につながります。

２０２０年の東京オリンピックの選手村で提供する食材でも、ロンドンオリンピックのときのように、これらの国際認証が求められる可能性もあります。農林水産省によると、グローバルＧＡＰ取得件数は、２０１４年6月現在、世界では約14万件ありました。日本は、１９６件にすぎません。

日本各地に結成され始めた蔵元グループのように、**チームを組んでチャレンジする**と、リスクは小さくなり、成功確率は高くなるようです。「グローバル地方創生」は、地域内で競争・敵対関係にあった同業者が、グローバル戦略のために提携するいいきっかけになります。

競争の次元を引き上げると、ローカル内の敵対関係は、連携・協力関係へと転換するのです。

航路が少なく、地域の港湾、空港から直接輸出しにくいということであれば、本書で紹介した、**ＡＮＡ沖縄貨物ハブや博多港、那覇港の冷蔵コンテナ輸送サービスを活用**してみるのも手です。もちろん、他の空港、港湾、ＪＡＬを活用しても構いません。日通やクロネコヤマト、**海外展開しているコンビニやスーパーと連携**してもいいですし、**海外でのネット販売**という方法もあります。博報堂は、２０１６年秋に、個人が制作した作品を海外で販売できるサイトを立ち上げます。海外市場へのアクセスには、すでに多様なルートが確立されていますし、今後さらに多様なルートが開設されるでしょう。地域、企業、製品特性や戦略ごとに、最適な国際物流・流通システムを活用すればいいのですが、あえて今までにない新しいルートや方法を開拓してみるのも楽しいと思います。

食品以外の製造業も、海外展開すべきです。日本では時代遅れの製品や産業と考えられていても、グローバル市場では、成長産業になりえます。日本の医薬品、医療機器、介護用品などの市場もグローバル化するはずです。

アジア太平洋こども会議・イン福岡のような**交流事業**もいいと思います。この事業によって、福岡に費用以上の経済効果がもたらされたのか、アジアビジネスが活性化したのかという質問は、野暮な質問です。先進国日本の地方都市における、アジアの子供たち（今では立派な青年になっています）と市民との多様な「ゆるい紐帯」の形成は、直接的な経済効果だけで判断すべきものではないと思います。地域による国際協力事業は、ただちに地域の経済や産業の発展につながらないかもしれません。しかし、西川芳昭氏らがいうように、「究極のよそ者」の受け入れは、新しい視点の発見や、逆に同じ価値観を確認することにつながります。

地方といえども、先進国日本の地域です。国際貢献もまた、「グローバル地域創生」なのです。

また地方は、**高度外国人人材の誘致**にも挑戦すべきです。経営者、金融コンサルタント、ソフトウエア開発者といった高度外国人人材に限定する必要はありません。海外市場開拓のために、日本酒の蔵元グループで外国人を雇用するというのも、アリです。

ニセコのロス・フィンドレー氏、『新・観光立国論』の著者である小西美術工藝社社長のデービッド・アトキンソン氏、徳島や京都の古民家再生で著名なアレックス・カー氏、能登半島輪島の漆作家のスーザン・ロス氏、群馬県水上市でラフティングを普及させたマイク・ハリス氏、江戸時代の木版画を再現したデービッド・ブル氏、京都で地ビールを製造する若き外国人3人組（京都醸造）、『JAPAN TODAY』や『Gaijin Pot』のサイトを運営しているジープラス・メディアを設立した、名古屋で英語教師をしていた2人の外国人、佐渡島、沖縄、富山の和船を復元しているダグラス・ブルックス氏、福岡の情報をYouTubeで情報発信しているミカエラさんなど、地域の「プレミア価値」の再発見や、「プレミア価値」の創造に貢献してくれる「新渡来人」も増えています。

明治初期において、日本の政治制度、科学技術、農業技術、芸術・文化に大きな影響を与えたのも、「お雇い外国人」でした。そして今、地方創生に貢献しているのが、「新渡来人」と呼ばれている人たちです。

人だけではありません。外資系企業は、同一労働同一賃金といった雇用条件においても、日本企業のお手本になっています。アメリカ企業のコストコのアルバイトの時給は、全国一律1200円です。地方の人たちからコストコ進出を望む声が出るほどです。イケア・ジャパンは、アルバイトの学生を含めて、全社員が正社員で、同一労働同一賃金を理念としています。

味の素の就業時間短縮（7時間15分）は、ワーク・ライフ・バランスの実現とグローバル・スダンダードを意識した素晴らしい試みだと思いますが、他の日本企業に追随する動きがみられないことは残念です。

地方都市への外資系企業の誘致は、ローカル企業の経営体質を変化させるきっかけとなるでしょう。ドイツの自動車デザイン会社のＥＤＡＧ社は、日本で初めての法人を、東京ではなく、福岡市に設置しました。同じく、ドイツ系企業のケルヒャー ジャパンは、東京にあった本社を、宮城県大和町の「仙台中核工業団地」に移転しています。札幌に本社機能の部分移転をしたアクサ生命や、福岡に一部本社移転したマスミューチュアル生命などの例もあります。

地方への外資系企業の本社誘致は、決して夢物語ではありません。チャレンジしてみる価値はあります。ただし、金融系企業の誘致には、セキュリティ水準が高く、耐震性にも優れた新しいオフィスビルが必須条件です。その意味では、福岡市の天神ビッグバンには大きな期待がかかります。

辺境のグローバリゼーション

グローバル、グローバリゼーションという用語は、どうも評判がよろしくないようです。グローバル化は、格差を拡大し、世界を均質化するメカニズムだと捉えられることが多いようです。

広井良典氏は、グローバル化、グローバリゼーションには、地球（globe）という語源的な意味があり、したがって、地球上の各地域の個別性や文化の多様性を含んでおり、「ユニバーサル（普遍的）」という捉え方をすべきではないと論じています（広井良典［2015］『ポスト資本主義』岩波新書、234頁）。ユニバーサルという用語についても、ユニバーサルデザインのように、だれでも使いやすいという意味もあり、ユニバーサル化も悪いわけではありません。

福岡から200㎞の距離に、韓国の釜山があります。福岡から200㎞は、国内でいえば、鹿児島、広島です。もちろん釜山は陸続きではありませんので、船か飛行機で行くしかありません。しかし、距離は200㎞にすぎません。政治的、歴史的対立や言語、通貨などの違

図12. 福岡を中心とした500㎞圏、1,000㎞圏、1,500㎞圏

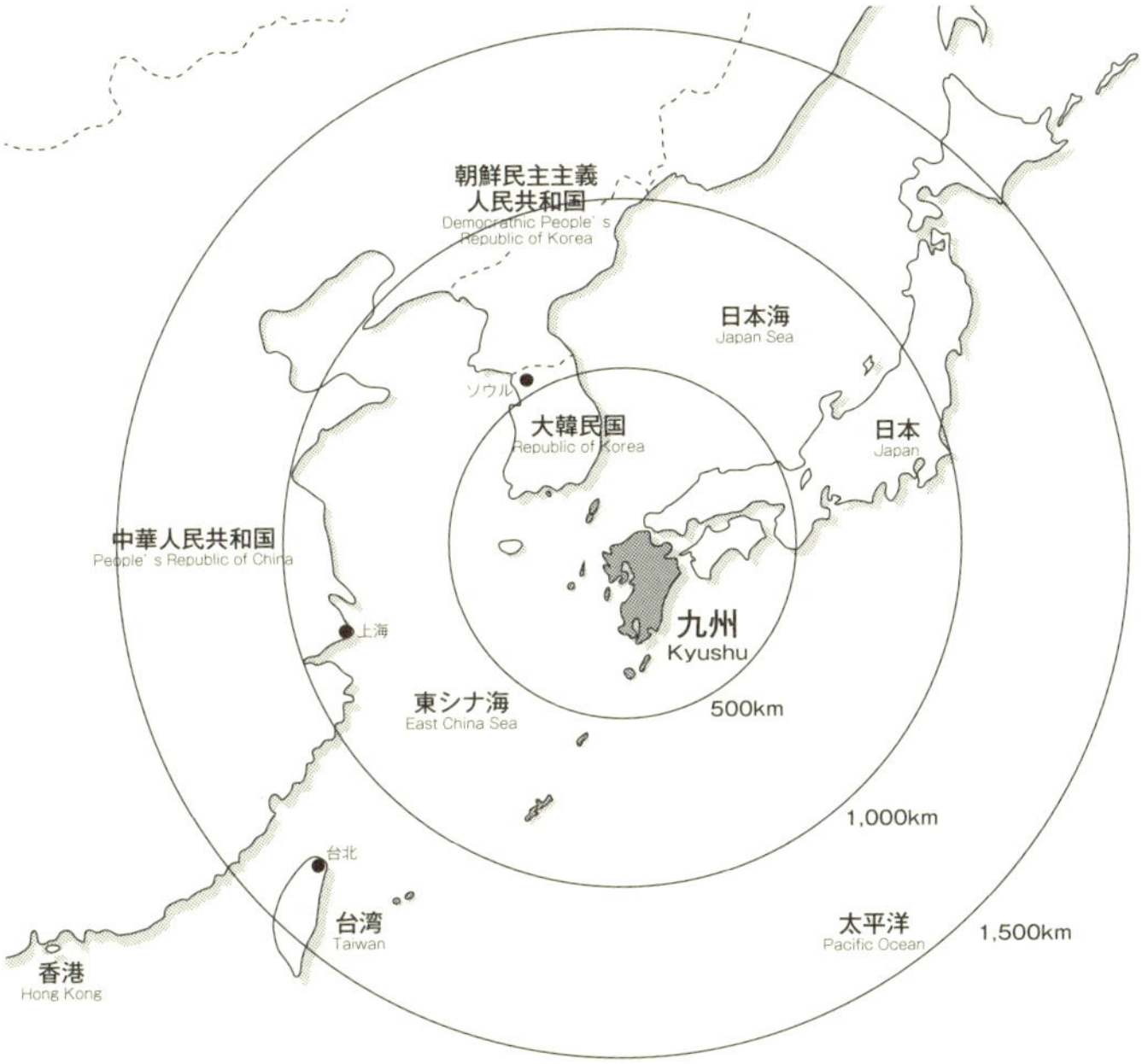

（出所）九州経済調査協会・岡野秀之氏提供。

いがなければ、地域間交流はもっと濃密になっているはずです。那覇―台北は630㎞、稚内―サハリンはわずか159㎞です。

図12をみていただくとおわかりのように、福岡―上海は、福岡―東京よりも近い距離にあります。福岡―ソウルは、福岡―大阪とほぼ同じ距離です。福岡―札幌よりも福岡―台北の方が距離は短いのです。VISA、CIQ、通貨などのボーダーフルな要因が低減されれば、交流が促進される

のは当然のことです。

上海から出航したクルーズ船は、釜山や済州島を経由して、博多港に入港します。日本一となったクルーズ船寄港数は、特にすごいことではありません。博多港の整備や受け入れ体制の構築という地元の努力はあったにしろ、基本的には、釜山、済州島、上海に近いという、その地理的優位性のもとで、中国人へのＶＩＳＡの緩和、中国でのクルーズブーム、中国人の所得上昇、円安の波及効果を受けているだけだからです。ごく自然な流れなのです。

上海から離れた苫小牧港や仙台塩釜港では、２０１６年の博多港へのクルーズ船寄港予定数４０７隻に追いつくことなど、どんなに努力したところで不可能です。ですから、福岡が自慢することでもありませんし、慢心してもいけません。

東京は極東の、しかも最も東側に位置している「アジア最果ての都市」です。東京圏の東側にあるのは、太平洋とアメリカ大陸です。そのため、東京から物事を発想すると、ローカル→ネーション→グローバルという同心円的な捉え方になりがちです。国境のまちにとっては、ローカルそのものがグローバルなのです。九州大学アジア太平洋未来研究センター教授の岩下明裕氏のいうように、「国境が単なる行き止まりや線ではなく、そこから先に広がりをもつ空間のゲートウェイ」になるのです。

経済評論家の磯山友幸氏は、「〝国境〟が〝県境〟になる」というおもしろい表現を使っています（磯山友幸「単なる『貿易協定』ではないＴＰＰ〝国境〟が〝県境〟になる」『WEDGE Infinity』２０１５年10月９日）。

本書で論じてきた「グローバル地方創生」は、ボーダーレス時代の地域戦略です。

第3極の意味

最終章で説明するのは適切ではないかもしれませんが、本書で「第３級世界都市」ではなく、「第３極世界都市」としているのは、わけがあります。

Ｊ・フリードマンは、階層的な世界都市システムを念頭に置いて、先進国の第１級世界都市を東京、ニューヨーク、ロンドン、パリ、ロサンゼルス、シカゴと規定し、その下に多国籍企業の支店機能を担うミラノ、マドリッド、ウイーン、ソウル、台北、バンコク、マニラ、香港、シドニーなどがあると考えました。

国内の本社—支店ネットワーク（都市システム）を、網の目を粗くしたグローバルな本社

―支店ネットワークに拡大したイメージです。とすれば、福岡、札幌、那覇は、第2級世界都市の下に位置します。つまり、第3級世界都市ということになります。あえていえば、多国籍企業の「営業所」が集積した都市でしょうか。

しかし、多国籍企業の「営業所」（福岡支店や札幌支店）は、グローバル性を有してはいません。あくまでもローカルな地域の管轄・営業拠点です。多国籍企業のシンガポール支店は、東南アジア＋オセアニア（場合によっては東アジアを含む）を管轄権とする、リージョナルという限定はつきますが、グローバル拠点です。

要するに、都市や地域のグローバル化のメカニズムが、第1級世界都市や第2級世界都市と第3極世界都市とは異なっているのです。

多国籍企業のグローバルネットワークや国際金融機能という観点から世界都市を規定することは、しだいに難しくなっています。航空ネットワークの拡散や航空運賃の低下、インターネットの普及により、ひと・もの・かね・情報のグローバルな移動が容易になり、多様なグローバル交流が促進されるようになりました。第3極世界都市よりもさらに規模の小さい地方都市や農山村も、小さな世界都市やグローバルビレッジになりつつあるのです。

1980年代、1990年代と異なり、グローバル化は、第1級世界都市や大企業、高額所得者の特権ではなくなったのです。

古代の国際交流圏

ローカルとグローバルの関係を歴史的な観点から少しお話しさせてください。

北部九州は、魏志倭人伝の頃から、外交、貿易の拠点でした。魏志倭人伝の時代から、福岡市周辺や福岡市内に迎賓館が設けられ、朝鮮半島や中国からの使節をもてなしていました。日本史には登場しませんが、810年頃から北部九州地域は新羅の海賊に襲撃され、悩みの種になっていたようです。遣唐使が廃止された894年には、新羅の海賊船45隻が対馬を襲い、大きな被害を受けたとされています。遣唐使は、諸説ありますが、那の津（現在の福岡市）や坊津（現在の鹿児島県薩摩市坊津町）などから、唐に旅立ちました。「津」は「港」を意味します。

1274年、1281年の蒙古の2度にわたる九州への襲来は、歴史的にも知られていますが、実は1019年に壱岐、対馬、博多は満州の女真族に襲撃され、大きな犠牲が出たと伝えられています。地理的に離れた京都では、この事件の全容が把握できなかったようです

（山﨑朗『日本の国土計画と地域開発』東洋経済新報社、121頁）。

倭寇による高麗襲撃は、高麗史によると、1350年2月から始まったとされています。古代史の研究では、倭人というのは、日本人だけを指すのではなく、朝鮮半島南部、山東半島、江南地方を含む地域に分布し、体形、言語、服装、文化に共通性を有する人々を指すと考えられています。

立正大学教授の村井章介氏は、朝鮮王朝実録では、倭人という認識が16世紀まで続いており、日本人なのか、朝鮮人なのか、中国人なのかはっきりとしない「マージナル・マン」であった倭人が、国境を超えた「海上交通圏」を形成していたことが、国家の存立にかかわる重大問題に発展していったと論じています。将軍足利義満時代に日本は、明、朝鮮と共同歩調を取り、この「マージナル」な存在の消滅を図ろうとします（村井章介［1993］『中世倭人伝』岩波新書）。国家、国境の明確化によって、自由な「海上交通圏」は消滅し、国境地域は、国際性と辺境性を併せ持つ、国土の末端地域に固定化されていくのです。

辺境は、国際交流、交易、戦争の舞台となる地域です。歴史上、日本で海外の軍隊との地上戦が行われたのは、北部九州、沖縄、樺太という国土の辺境でした。

逆に、国際関係が改善し、平和が保たれれば、自然と国際交流は促進されるのです。日宋貿易の時代、博多港は貿易の拠点となりました。九州、沖縄や日本海側地域は、古代の国際交流圏のなかに、ローカル経済は組み込まれていたのです。それを制限してきたのは、鎌倉幕府、室町幕府や江戸幕府といった中央政府でした。江戸時代には長崎の出島や平戸だけが、国際貿易の拠点とされてきました。

1937年、第一次近衛文麿内閣において、企画庁と資源局を合併した企画院が誕生します。重要政策と物資動員の企画立案を行う内閣直属の機関でした。

企画院は、欧米の国土計画に影響を受け、1943年に日本で初めての国土計画の素案である「中央計画素案・同要綱案」を策定します。この素案は、閣議決定されませんでした。人口配置、産業配置、社会資本配置の1960年の地域別目標値を具体的に定めているという点からいえば、現在の国土形成計画（全国計画）よりも、国土計画らしい国土計画案といえます（山﨑朗「戦前の国土計画」『日本の国土計画と地域開発』）。

素案では、九州地方の1960年の想定人口は、樺太を含む10地域のなかで、関東地方の18・7%に次ぐ16・4%とされました。博多港の画期的整備や、南方との航空連絡上の要衝として、福岡と鹿児島を挙げていました。また、首都移転候補地として、岡山県邑久郡、福岡県八女市、京城（現在のソウル）の3カ所を明記しています。

1936年に開港した福岡第一飛行場（当時は糟屋郡和白村、現在の福岡市東区）は、東洋一の飛行場で、わが国唯一の国際空港でした。

大東亜共栄圏の形成を目指していた当時の国土計画案における福岡、九州の位置づけは、今とはまったく異なるものだったのです。

戦後における、日本とロシア、中国、北朝鮮との関係悪化は、九州、沖縄、日本海側の地域に大きな痛手となりました。今では想像しづらいのですが、朝鮮戦争の際には、現在の福岡空港（板付空港）が米軍の拠点となりました。

日中国交正常化は、1972年のことです。福岡市の発展が札幌市に後れを取った理由の一つは、日本と中国との国際関係にあったといってもまちがいではありません。日本と中国との貿易、人流が拡大するにしたがって、福岡市の発展速度は、札幌市を上回るようになったのです。

福岡、沖縄、北海道が本来もっているポテンシャルエネルギーは、政府の思惑や国際関係によって押さえ込まれていた（いまだ押さえ込まれている）だけなのです。

「グローバル地方創生」によって、沖縄経済の基地依存経済からの脱却の道も見え始めました。北海道の「グローバル地方創生」のためにも、新千歳空港への中国やロシアからの民間機の着陸を禁止している曜日や時間帯という制限は撤廃すべきです（すでに述べたように、2016年10月からこの規制は緩和されるようです）。

国連が一時提唱していたロシア・中国・北朝鮮の国境地帯の開発（豆満江開発）についても、再度検討してみる価値はあります。

地域開発を国内的・地域的視点からだけ捉える時代は、終わりました。企業誘致による「外来型開発（exogenous development）」でも、そのアンチテーゼとして地域内の資源活用を目指す「内発的発展（endogenous development）」でもなく、グローバルな関係構築を目指す「外向型地域開発（outward development）」の時代になっているのです。

鉄道敷設では、中国とタイの間に不協和音がありますし、他の国においても中国の覇権主義に対する警戒感はあるものの、中国の雲南省、ベトナム、ミャンマー、タイ、カンボジア、ラオスとのメコン川流域総合開発は、国際地域開発を、国内の地域開発と共鳴させるという新しいやり方です。メコン川流域総合開発計画は、中国の南の末端である雲南省の経済発展にもつながります。筆者は、2003年に雲南省を2度訪問し、ミャンマーの国境線まで行ったことがありますが、その時はまだ、メコン川流域総合開発の機運は、熟してはいませんでした（波平元辰編［2004］『雲南の「西部大開発」』九州大学出版会）。

陸路で海外とつながっていない日本においても、国境を挟んで、地域開発を共鳴させなければなりません。博多港、福岡空港の人流、物流の増加は、韓国、台湾、中国、香港、シンガポール、フィリピン、インドネシア、ベトナムなどでの空港・港湾の整備によって実現したものです。ピーチの那覇空港第2ハブ化の障害は、パイロット不足もありますが、それよりも、東南アジアの主要空港の混雑にあるかもしれません。

日本へのインバウンドの急増は、これまで日本企業、日本政府、ＡＤＢなどが海外での空港建設を支援してきた果実ともいえます。**見逃されている点ですが、インバウンドを増やすためには、国内でホテルを建設したり、バスを増産するだけでなく、相手国の空港、港湾の整備も必要なのです。**2030年に訪日外国人を2015年の3倍の6000万人にするためには、中国、東南アジアでの空港施設拡充に対する支援が不可欠です。

ロシア、中国、北朝鮮、韓国、日本による環日本海構想が具体化する、平和な時代が来ることを望んでいます。そのとき、裏日本は、表日本化するはずです。北東北や山陰地方にとって国の財政再配分に依存しない、自立的な発展の道が開かれるにちがいありません。

本書では、**「グローバル地方創生」の主役は政府である**、と論じました。そのなかには、通商交渉やＣＩＱの整備だけでなく、**安定した国際関係の構築、相手国での港湾、空港建設の支援**という意味も含まれています。

周辺国との安定した関係が構築されれば、国土の末端地域は、グローバル＝ローカル（本当の意味での「グローカル」）へと自然に移行していくのです。頻発するテロや難民の急増対策として、国境地域で、人、ものの移動を厳格に管理し始めると、辺境都市や小さな世界都市の成長は、まちがいなく阻害されます。

「グローバル地方創生」とは、貿易や交流の自由化という平和のもとで実現するものにほかなりません。中国、韓国はもとより、ロシア、北朝鮮との国際関係がよくなれば、北海道、東北の日本海側、北陸、山陰、九州、沖縄のグローバル化は、さらに進展するでしょう。

世界都市の集合体としてのヨーロッパ

福祉や街づくりにおいて、日本の研究者が大好きなヨーロッパは、世界都市の集合体です。すでにみてきたように、ミュンヘンクラスになると、日本の都市で太刀打ちできるのは、東京だけになってしまいます。

さらにいえば、ヨーロッパの都市は、小さな都市も世界都市なのです。国土庁・計画調整局が小さな世界都市として注目していたのは、ブリュッセル、バーゼル、ジュネーブ、ザルツブルク、カンヌ、オックスフォードなどです（国土庁・計画調整局監修・世界都市研究編集［1990］『データパック「世界都市」日本』東洋経済新報社）。

私たちは、特に首都から離れた国境線に近い国土の末端に位置している、スウェーデンのマルメ、フランスのストラスブール、スイスのバーゼル、マレーシアのジョホールバル、ベトナムのハイフォンなどの「辺境都市」に注目しています。多民族・多言語・多文化・多宗教を包摂した、第3極世界都市（ローカル＝グローバル）だからです。

すでにベトナム第3都市のハイフォンと日本の国土交通省は、総合的広域開発について、政策対話を行っています。

2000年にデンマークの首都コペンハーゲンとオーレソン・リンクという橋と海底トンネルでつながった人口約30万人の都市マルメは、コペンハーゲンの通勤圏となり、現在では174カ国の150の言語を使用する都市になったといわれています。

マルメとコペンハーゲンの間でも、難民問題の余波で、国境審査が再開されており、自由な移動が制約されるようになっています。辺境都市は、国際関係不安定化の影響を真っ先に受ける都市です。

欧州評議会の本部が置かれているストラスブールについては、内田日出男［2009］『物語 ストラスブールの歴史―国家の辺境、ヨーロッパの中核』（中公新書）をぜひお読みください。ストラスブールも辺境都市として、苦難の歴史をもっています。

マルメもストラスブールも大学の多い学園都市です。有名なルンド大学も、マルメの近くにあります。ストラスブールの住民の5人に1人が大学生といわれています。人口25万人の都市ですが、市の中心部から10㎞のところにストラスブール国際空港があります。国内線17路線、ヨーロッパ28路線、アフリカ6路線、アジア5路線、中東4路線、中米・カリブ1路線があります。

いうまでもなく、人口約30万人のマルメにも空港があります。マルメ空港は、国内線7路線、ヨーロッパ44路線、中東5路線があります。マルメの隣国のデンマークは、国連の2016年版の幸福度ランキングで、世界で最も幸せな国となっています。

フランス第2の都市リヨンの「光の祭典」も見逃せませんが、日本総合研究所関西経済研究センター所長の廣瀬茂夫氏が注目しているのは、2009年に欧州文化都市に指定され、芸術と技術の統合を図っている、人口19万人のオーストリアの第3都市リンツです。

そのリンツにも、もちろん国内線3路線、ヨーロッパ23路線、アフリカ2路線を有するリンツ国際空港があります。

金沢市の「金沢世界都市構想」や、兵庫県豊岡市、長野県飯田市のように「小さな世界都市」の実現を掲げる自治体も現れています。本書で取り上げたニセコも、目指すべき方向性は、「小さな世界都市」でした。

ヨーロッパの小さな世界都市は、ヨーロッパの平和と安定、移動の自由(シェンゲン協定)を基盤としています。そして、多文化、多言語、他宗教を包摂し、国内外の多様な都市と航空ネットワークを構築しています。

地域や企業のポテンシャルをグローバルな観点からMAXに

忘れるところでした。真にグローバルな日本企業は3社しかないということでしたが、その3社とは、入山章栄氏によると、ソニー、キヤノン、マツダだそうです。マツダは、フォードの傘下に入り、経営再建し、現在ではエンジンやデザインの優れた企業として評価されています。

入山氏によると、世界の経営学では、「真にグローバルな企業」というものは、そもそも存在しないということになっているようです。「真にグローバル」をどのように定義するかによって、その概念や対象企業数は変わります。「セミ（準）グローバル化」なのか「真にグローバル化」なのかを、とくに気にする必要はありません。

地方の企業は、「真にグローバル」な企業を目指すのではなく、第3極的グローバル化を目指せばいいのです。

2015年10月、TPP締結を睨んで九州経済連合会会長の麻生泰氏は、経済界やJAが出資する九州農水産物直販（本社福岡市）と香港、シンガポール、フィリピンで約6000

店を展開する香港本社のデイリー・ファームと組んで、九州産の野菜などを香港で販売すると発表しました。アイランドシティの新青果市場や博多港と香港を結ぶ日通の「海上冷凍混載輸送サービス」が利用されると思われます。ピエトロ、マルタイ、ヤマエ久野のような九州の食品メーカーや卸も、海外展開を加速するようです。

ＴＰＰに反対するのではなく、九州財界や九州の企業のように、海外に打って出る好機到来とみなすべきです。帝国データバンクの調査では、ＴＰＰを海外での商機と捉えている中小企業は3割でした。すべてのローカル企業が世界企業になる必要はありません。ですが、世界に取引空間を拡大していくローカル企業がいることは、地域経済の持続的発展において大切です。

事業や製品特性に合わせて、香港だけ、韓国だけ、台湾だけ、中国だけ、東南アジア中心、インド、ドイツ、アフリカ、中南米あるいはドバイをターゲットにしていいのです。

本書で取り上げた旭酒造の輸出先の約50％は、アジア向けのようです。しかし旭酒造は、第1級世界都市のニューヨーク、ロンドン、パリ、東京の攻略を戦略の機軸に据えています。高知県の蔵元はロンドンを、広島県の蔵元はフランスをターゲットに定めたようです。２０１６年3月に、広島の4蔵元の7商品が、神戸港からフランスに向けて出荷される予定です。

逆に、「グローバル地場産業」の箇所で紹介した、秋田の酒蔵のNEXT5は、競争の激しいアメリカを避けて、韓国、香港、オーストラリアでの販売を検討しています（『5L』2014年12月4日）。

「サカタのタネ」は、2020年5月期の売上高を2015年比で2・3倍にするという目標を明らかにしました。13億人の5割が農業に従事しているインドでの拡販によって、目標を実現するとしています。インドの子会社、サカタ・シード・インディアの社長であるシャイン・シン氏は、東京農業大学で博士号を取得しています。

ガス機器で国内最大手のリンナイ（名古屋市）は、オーストラリア、インドネシア、韓国でシェア1位の製品があります。現地生産にこだわった「グローバル地産地消」です。

広島の牡蠣をニューヨークに輸出する、岐阜県産の富有柿をクアラルンプールのデパートで販売する、1本2万5千円のお茶をシンガポールで販売するなど、ハイエンドで勝負する道もあります。

外国人観光客の間で抹茶人気が沸騰しているといわれています。抹茶を含む緑茶の世界市場の7割は中国製で、日本製はわずか約1％しか占めていません。いよいよ、日本の茶農家や製茶企業の出番だ、とは考えられませんか？　入山氏は、静岡、宇治、狭山といったブランド力がない島根県松江の茶舗が、タイに抹茶のカフェチェーンを展開している例を取り上げています。本書でも積極的に海外展開している日本酒メーカーの例を取り上げましたが、日本国内や東京で戦えないから、海外に出るという戦略もあるのです（『地域再生の失敗学』光文社、１７０頁）。

ヨックモックは、クッキーなどを製造販売している企業です。ヨックモックという会社名は、スウェーデン北部の都市の地名から由来しています。アメリカとフランスに拠点があります。最近は「シガール」というクッキーが中東で大人気になっています。「シガール」が中東でこれほど「ばか売れ」するとは、だれも予想していなかったにちがいありません。アメリカでは、健康食品としてこんにゃく（しらたき）が一大ブームになっています。

ローカル市場や国内市場では、その製品やサービスの「プレミア価値」を発見できないことが多いのです。

本書でみてきたように、オーストラリア人がニセコの魅力（「プレミア価値」）に気づいたきっかけは、ニューヨークで起きたテロ事件でした。

永井酒造が試行錯誤で見つけ出したグローバル市場は、フランスの三ツ星レストランでした。コース料理に合う日本酒をシリーズで揃えることで、採用されたのです。

鮮魚流通のCSN地方創生ネットワークは、2016年4月から、羽田空港の加工場でさばいたサバやイカなどの50種程度の鮮魚を、航空便でベトナム、香港、シンガポールに輸送する、という事業を開始しました。羽田空港内に鮮魚の加工場を設けたのも驚きましたが、空港内で鮮魚を前処理することで、鮮度を保ち、輸送重量を削減し、飲食店での作業負担を削減するというトリプルメリットを追求しています。

2016年4月、琉球大学は、国外初の拠点を台湾に設置しました。那覇―台北の航空距離は、那覇―福岡よりも短いのです。しかも、ピーチを使えば、2000円程度で行けるのです。台湾から琉球大学への留学は、いまや距離的・時間的そして費用的にも国内感覚です。

世界のどこに、あなたの地域を魅力的だと思う人がいるのか、世界のだれが、あなたの企業の製品やあなたの農園の果物を欲しいと思っているのか、探してみませんか。あるいは、世界の人たちの未知のニーズを発見し、そのニーズに合わせた商品やサービスを開発してみませんか。世界人口は、21世紀末までに100億人になると予測されています。

「グローバル地方創生」は、1億総活躍ではなく、100億総活躍を目指す戦略です。

２０１６年５月、福岡空港にフィンエアーによるヘルシンキ便が就航しました。しかし、地方で最もグローバル化の進んだ福岡といえども、欧米便を長く維持できたことはありません。ロンドン便、アメリカのポートランド便、南回りのパリ便、アムステルダム便は、すべて福岡空港から撤退しています。

欧米便のない福岡のグローバル化は、アジアどまりのグローバル化、「アジア化」であり、「真のグローバル化」ではないといえるかもしれません。ですが、「真のグローバル化」でなくてもまったく問題はないではありませんか。福岡のもっている経済的、地理的ポテンシャルを最大化すればいいのです。ポテンシャルを最大化できているかどうか、ポテンシャルの最大化に向けてチャレンジし続けているのか、それが問題なのです。

世界都市論の研究者である加茂利男氏は、「しだいに多数の世界都市による多極的・多元的なグローバル都市システムが姿を現しはじめた」と論じています（加茂利男［２００５］『世界都市』有斐閣、１７７頁）。日本の地方都市のグローバル化も、多極的・多元的グローバル都市システムの一局面だといっていいでしょう。

社内言語を英語化する企業も徐々に増えています。英語化については、当初は揶揄されることが多かったのですが、じわじわ浸透し始めているように思います。外資の傘下に入ったり、外資と提携したり、外国人社員の採用を積極化する企業も増えています。日本社会、日本企業、日本の地域が、多文化共生へとシフトしていく「内なるグローバル化」の段階に入っています。

地方になればなるほど、国際化やグローバル化に対して拒否反応が高まることはわかっています。中国に進出した企業でも、撤退を余儀なくされている企業が増えています。福井市の東証一部上場企業であった江守グループホールディングスのように、中国事業で失敗し、債務超過に陥った事例もあります。日本の造船業やビール企業は、ブラジル事業で大きな損失を出しています。外国人研修生の受け入れにおいても、さまざまな失敗や問題点が報告されています。ＴＰＰに反対、という意見も少なくないと思います。

しかし、日本の国内市場は、今この瞬間も、ゆっくりと、そして確実に縮小しています。しかも、国内市場縮小の速度は、徐々に早まっているのです。ローカル市場の縮小速度は、国内市場縮小速度を上回っています。ブラジル事業に参入することを表明したＪＴ、ＪＲ西日本、日本板硝子、双日、住友商事などもあります。メキシコへの日本企業の進出は、この

5年間で2倍以上になり、2016年には1000拠点となる見込みです。メキシコで最も乗用車を生産している企業は、ルノー・日産です。

日本の労働力人口は、このままではおそらく2100年頃まで減少し続けることになるでしょう。試行錯誤を繰り返すことになるでしょうが、日本の未来を考えた場合、グローバル化は避けて通れない道です。

過去の統計から、未来の戦略は見えません。ローカル内の濃密な関係性やネットワークだけでは、地域のプレミア価値を発見できません。必要なのは、「グローバルな探索活動」や「グローバルなマッチング」です。答えは過去にはなく、そして答えは一つではありません。答えは自ら発見、あるいは作り出すものです。

プラハードは、「ネクストマーケット」の重要性を指摘しています。プラハードのいう「ネクストマーケット」は、世界の貧困層のマーケットを指しています。筆者らのいう「ネクストマーケット」は、プレミア価値を実現できるグローバルな市場です。

東京一極集中を是正するため、地域間格差を縮小するため、という古い地域開発の考えはもう捨ててしまいましょう。自分たちの地域のポテンシャルを開花させるために、グローバ

リゼーションの潮流を積極的に活用してみましょう。そして、「グローバル地方創生」は、地域の問題解決だけでなく、世界の課題解決にも貢献することなのです。

参考文献

相川俊英［2015］『奇跡の村』集英社
阿部和俊・山﨑朗［2004］『変貌する日本のすがた―地域構造と地域政策―』古今書院
アレックス・カー［2000］『美しき日本の残像』角川書店
安東誠一［1986］『地方の経済学―「発展なき成長」を超えて―』日本経済新聞社
飯田泰之・木下斉・川崎一泰・入山章栄・林直樹・熊谷俊人［2016］『地域再生の失敗学』光文社
イケダ・ハヤト［2012］『年収150万円で僕らは自由に生きていく』講談社
石倉洋子・藤田昌久・前田昇・金井一頼・山﨑朗［2003］『日本の産業クラスター戦略』有斐閣
入山章栄［2015］『ビジネススクールでは学べない世界最先端の経営学』日経BP社
伊豫谷登士翁［1993］『変貌する世界都市』有斐閣
岩下明裕［2016］『入門　国境学』中央公論新社
エドワード・グレイザー［2012］『都市は人類最高の発明である』NTT出版
エンリコ・モレッティ［2014］『年収は「住むところ」で決まる』プレジデント社
沖縄県［2012］『沖縄21世紀ビジョン基本計画』沖縄県
沖縄国際大学経済学科編［2014］『沖縄経済入門』編集工房東洋企画
「沖縄県の地域未来構想　『万国津梁』へのアジア戦略」『月刊　事業構想』2016年2月号

大﨑孝徳［２０１６］『すごい差別化戦略』日本実業出版社
小田切徳美・石橋良治［２０１５］『はじまった田園回帰』農山漁村文化協会
勝谷誠彦［２０１４］『獺祭』西日本出版社
加藤恵津子・久木元真吾［２０１６］『グローバル人材とは誰か』青弓社
片山善博［２０１４］「自治体を蝕む『ふるさと納税』」『世界』第８６１号
片山善博・内山節・小田切徳美・上林陽治・森裕之・尾原浩子［２０１５］「あるべき『地方創生』とは」『世界』第８６９号
金山弘美［２０１５］『里山産業論―「食の戦略」が六次産業を超える―』角川書店
河北新報社［１９９７］『むらの工場―産業空洞化の中で―』新評論
加茂利男［２００５］『世界都市』有斐閣
川島博之［２０１４］「日本の農業と地方創生―農業で地方は甦らない」『地方自治職員研修』第６６９号
川田敦相［２０１１］『メコン広域経済圏―インフラ整備で一体開発―』勁草書房
川端基夫［２０１６］『外食国際化のダイナミズム』新評論
木下斉「ふるさと納税ブームに潜む地方衰退の『罠』―無視できない３つの歪みがある」『東洋経済ＯＮＬＩＮＥ』２０１５年12月９日
木下斉「地方をダメにするふるさと納税の不都合な真実」『Wedge Infinity』２０１６年３月19日
久保隆行・山﨑朗［２０１４］「地方都市のグローバリゼーション：福岡とバンクーバーの比較考察」『日

本都市学会年報』第47号
久保隆行［2015］「『グローバル創業都市・福岡』を目指して」山﨑朗編著『地域創生のデザイン』中央経済社
久保哲朗［2015］『統計から読み解く　都道府県ランキング』新建新聞社
窪田新之助［2015］『GDP4％の日本農業は自動車産業を超える』講談社
経済産業省［2015］「第44回　海外事業活動基本調査（2014年7月調査）概要」
国土庁［1992］『地方都市の世界化戦略』大蔵省印刷局
坂口光一・丸屋豊二郎編［1996］『国際交流圏の時代』大明堂
サスキア・サッセン［2008］『グローバル・シティ』筑摩書房
桜井博志［2014］『逆境経営―山奥の地酒「獺祭」を世界に届ける逆転発想法』ダイヤモンド社
佐久間孝正［2015］『多国籍化する日本の学校』勁草書房
佐藤智恵［2016］『ハーバードでいちばん人気の国・日本』PHP研究所
ジェイン・ジェイコブス［2013］『発展する地域　衰退する地域―地域が自立するための経済学』筑摩書房
塩見直紀［2014］『半農半Xという生き方　決定版』筑摩書房
篠崎彰彦［2015］「情報化とグローバル化の大奔流を地方創生にどう活かすか―ネットと結びついたインバウンド消費とふるさと納税の取り組み事例」『土地総合研究』2015年夏号

ジョセフ・E・スティグリッツ［2016］『これから始まる「新しい世界経済」の教科書』徳間書店
杉浦一機［2015］『進む航空と鉄道のコラボ―空港アクセスが拓く交通新時代』交通新聞社新書
関口麻奈美［2015］「北海道における新しい地域創生」山﨑朗編著『地域創生のデザイン』中央経済社
帝国データバンク［2015］「特別企画　中小企業の海外進出動向調査」
タイラー・コーエン［2011］『創造的破壊―グローバル文化経済学とコンテンツ産業―』作品社
ダグラス・ブルックス［2014］『沖縄の舟サバニを作る』ビレッジプレス
デービッド・アトキンソン［2016］『国宝消滅』東洋経済新報社
デイヴィッド・リビングストン［2015］『科学の地理学―場所が問題になるとき―』法政大学出版局
トーマツ ベンチャーサポート株式会社・日経トップリーダー共著［2015］『地方創生実現ハンドブック』日経BP社
波平元辰編［2004］『雲南の「西部大開発」』九州大学出版会
西川芳昭・木全洋一郎・辰己佳寿子［2012］『国境をこえた地域づくり―グローカルな絆が生まれた瞬間―』新評論
日本政策投資銀行北海道支店［2015］『北海道ハンドブック　平成28年版』日本政策投資銀行
林良嗣・田村亨・屋井鉄雄共編［1995］『空港整備と環境づくり―ミュンヘン新空港の歩み』鹿島出版会

久繁哲之介［２０１６］『競わない地方創生　人口急減の真実』時事通信社
広井良典［２０１３］『人口減少社会という希望』朝日新聞出版
広井良典［２０１５］『ポスト資本主義』岩波新書
フィリップ・コトラー［２０１５］『コトラー世界都市間競争』碩学舎
福岡アジア都市研究所［２０１５］『「第３極」の都市』福岡アジア都市研究所
福岡市経済観光文化局『福岡　観光・集客戦略２０１３』
「福岡市国際化推進計画」平成15年（２００３年）策定
藤山浩［２０１５］『田園回帰１％戦略』農山漁村文化協会
藤波匠［２０１６］『人口減が地方を強くする』日本経済新聞社
C・K・プラハード［２０１６］『ネクスト・マーケット　改定増補版』英治出版
増田寛也［２０１４］『地方消滅―東京一極集中が招く人口減少―』中央公論新社
増田寛也監修・解説［２０１５］『地方創生ビジネスの教科書』文藝春秋
松永桂子［２０１５］『ローカル志向の時代―働き方、産業、経済を考えるヒント―』光文社
宗田好史［２０１２］『なぜイタリアの村は美しく元気なのか』学芸出版社
藻谷浩介［２０００］「空間克服で成長するアメリカの小都市」山﨑朗・玉田洋編著『ＩＴ革命とモバイルの経済学』東洋経済新報社
藻谷浩介、ＮＨＫ広島取材班［２０１３］『里山資本主義―日本経済は「安心の原理」で動く―』角川書

店
藻谷浩介［２０１５］「東京に依存しない国土構造のあり方」（国土交通省ＨＰ）
リチャード・フロリダ［２００９］『クリエイティブ都市論』ダイヤモンド社
山下一仁［２０１５］『日本農業は世界に勝てる』日本経済新聞出版社
山﨑朗［１９９８］『日本の国土計画と地域開発』東洋経済新報社
山﨑朗・玉田洋編著［２０００］『ＩＴ革命とモバイルの経済学』東洋経済新報社
山﨑朗［２０１１］「グローバル・リンケージと都市」『都市政策研究』第12号
山﨑朗編著［２０１５］『地域創生のデザイン』中央経済社
山﨑朗［２０１５］「地方創生と政策対応」『産業立地』２０１６年1月号
山﨑朗・久保隆行［２０１５］『インバウンド地方創生』ディスカヴァー・トゥエンティワン
山﨑朗他［２０１６］『地域政策』中央経済社
與倉豊［２０１６］「大企業の事業所配置からみた日本の主要都市の拠点性と都市間結合強度の定量分析」『地理科学』第71巻第1号
若林宣［２０１６］『帝国日本の交通網―つながらなかった大東亜共栄圏―』青弓社
J・Friedman, World City Hypothesis, *Development and Change*（日本語訳がポール・L．ノックス、ピーター・J．テイラー共編［１９９７］『世界都市の論理』鹿島出版会の付録に掲載されています。）

【著者紹介】

山﨑 朗（やまさき あきら）

1981 年京都大学工学部卒業。86 年九州大学大学院経済学研究科博士課程修了（博士：経済学）。87 年フェリス女学院大学文学部講師。90 年滋賀大学経済学部助教授。2000 年九州大学経済学研究院教授。05 年より中央大学大学院経済学研究科教授。12 年 4 月ブリティッシュコロンビア大学（バンクーバー）訪問教授（13 年 9 月まで）。15 年より中央大学学長専門員。

久保隆行（くぼ たかゆき）

1988 年日本大学理工学部卒業。89 年アール・アイ・エー設計部所員。99 年コーネル大学大学院建築学修士課程修了（M.Arch）、RTKL Associates ワシントン DC 支社アーキテクト。2001 年森ビル都市開発事業本部主事。06 年上海環球金融中心有限公司副経理。09 年森記念財団都市戦略研究所主任研究員。12 年明治大学公共政策大学院兼任講師（現在に至る）、サムスン物産都市開発本部部長。14 年福岡アジア都市研究所上席主任研究員／情報戦略室長。

東京《とうきょう》飛ばしの地方創生《ちほうそうせい》
——事例《じれい》で読《よ》み解《と》くグローバル戦略《せんりゃく》

2016 年 8 月 10 日　初版発行

著　者：山﨑 朗・久保隆行
発行者：松永 努
発行所：株式会社時事通信出版局
発　売：株式会社時事通信社
〒 104-8178　東京都中央区銀座 5-15-8
☎ 03（5565）2155　http://book.jiji.com/

印刷／製本　中央精版印刷株式会社

ISBN978-4-7887-1460-1 C0031 Printed in Japan
落丁・乱丁はお取替えいたします。定価はカバーに表示してあります。